굴러들어오는

장사성공의 비결

가라쓰 하지메 지음
양 병 준·김 소 영 옮김

韓國經濟新聞社

This book is originally published in Japanese under the title,
MOUKARUYOUNISUREBA MOUKARU / Hajime
Karatsu by PHP Institute, Inc., Tokyo, Japan.

原書名 / 儲かるようにすれば儲かる
著 者 / 唐津 一
出版社 / PHP研究所

역자의 말

가라쓰 하지메(唐津 一) 교수는 일본산업계에서 대단히 존경을 받는 인물이다. 그는 도쿄대학(東京大)에서 전기공학을 공부하고 일본전신전화공사에서 근무하면서 일본의 전신전화기술을 세계 최고수준으로 끌어올린 데 지대한 공헌을 하였다. 그는 전신전화분야에서뿐만 아니라 1960년대 이후에는 마쓰시타(松下)통신과 마쓰시타전기에서도 현업의 운영은 물론 기술지도를 위한 마쓰시타 고노스케(松下幸之助) 회장의 기술고문을 역임하였다. 그리고 일본정부 통산성(通産省)의 산업기술고문으로서 실질적으로 일본산업계에 우뚝 솟은 리더이다. 현제는 도키이대학(東海大) 기술연구소 교수로 재직하고 있지만 현장에서 직접 뛸 때는 「가미노데(神の手, 신의 손)」로 칭송을 받기도 했다. 그의 손이 닿아서 해결되지 않는 일이 없었다고 한다.

이 책 서문에도 소개하고 있지만, 그는 오래 전에《판매의 과학(販売の科学)》이란 책을 써서 베스트셀러 순위에 올려놓은 적이 있고 그 책은 지금도 문고판으로 잘 팔리고 있다고 한다. 그는 기술뿐 아니라 판매(영업)에도 그 나름대로 신의 경지를 이루고 있다.

이 책의 원제는《돈은 벌려고 하면 벌린다(儲かるようにすれば儲かる)》이다. 그리고 부제는《장사성공의 비결》이다.

이 세상에서 장사(사업)를 하는 사람은 누구나 돈을 벌려고 불철주야 애를 쓴다. 그러나 사업하는 사람이 모두 돈을 벌고 성공한다고는 말할 수 없다. 또 일시적으로 돈을 번다고 해도 그것이 오래도록 계속되는 것도 아니다. 오늘날처럼 시대가 변하고 기술이 변하고 생활양식이 달라지면서 사고방식까지 달라지면 장사의 수법도 변하지 않으면 안된다. 모든 것이 부족한 시대에는 만들면 팔리고 가져다 쌓아 두면 반드시 팔렸다. 배고프고 헐벗던 시대는 그러했다. 그 러나 지금은 물건이 거리에 넘치고, 맛있고 좋은 것만 찾으 려 한다. 먹고 입고 잠잘 곳이 채워졌음으로 이제는 노는 것(행락)에 신경을 쓰는 세상이 되었다. 무턱대고 많이 만 들고 많이 쌓아두면 그것은 곧 망하는 길이다. 다품종·소 량생산시대가 되었다. 개성화·다양화시대가 되었다. 대량 생산·대량소비시대는 이제 가버린 것이다.

새로운 시대, 지식정보화 사회가 열리고 있다. 변화의 속 도가 너무나도 빠르다. 이와 같은 시대의 변화, 생활환경의 변화에 적절하게 대응하지 못하면 돈을 벌기는 커녕 살아남 지도 못한다. 요즘 장사(사업)하는 사람을 만나면 불경기이 다, 장사 못해 먹겠다는 아우성뿐이다. 신문에는 다운사이 징(downsizing), 감원, 산업공동화 운운하는 기사천지다.

과연 어렵기는 어려운 모양이다. 그러나 그 어려운 환경

속에서도 착실하게 장사 잘하고 성장해 가는 기업도 있다. 오래 전부터 자기만의 기술, 자기만의 신용, 자기만의 신념으로 시간과 돈과 정열을 쏟아온 결실인 것이다. 장사(사업)를 하고 있는 사람들은 진정으로 장사의 신기(神技)를 깨우치고 있는가? 진정으로 고객(소비자)을 왕으로 모시고 있는가? 자기사업의 강점과 약점을 분석하고 시대의 변화에 적응하고자 노력하고 있는가? 고객을 왕으로 모신다면 소비자 성향을 살펴본 적은 있는가? 진정 소비자가 원하는 것은 무엇인가? 그것을 알아야 한다. 사람들이 맨발로 사는 아프리카에서 신발을 팔고 이글루에서 사는 에스키모에게 냉장고를 파는 판매기술, TV, 냉장고, 세탁기, 피아노, 승용차를 모두 갖춘 집에다 또 하나의 피아노와 승용차를 파는 것이다. 야마하(ヤマハ)가 제작한 소리나지 않는 피아노, 선진국의 RV차(Recreational Vehicle)가 바로 그런 상품이다.

포화상태의 시장에도 뚫고 들어갈 틈새는 있다. 이제 제품개발이나 판매방법도 NEED의 시대에서 WANT의 시대로 옮겨가야 한다. 그래야 돈을 번다. 이 책이 그 신기(神技)를 가르쳐줄 것이다.

1997년 1월

양 병 준

머 리 말

제조라고 하는 것은 물건을 대상으로 하는 것이기 때문에 동일한 조건에서 동일하게 하면 같은 결과가 나온다. 그에 반해 판매의 대상은 인간이다.

물건 또는 서비스를 살 것인지 말 것인지를 결정하는 것은 살아있는 인간이다. 그렇기 때문에 동일하게 하더라도 같은 결과가 얻어진다고는 할 수 없다. 거기에 판매의 어려움이 있는가 하면 재미도 있다.

필자는 이전에《판매의 과학》이라는 책을 집필한 경험이 있다. 이 책은 반응이 좋아서 지금까지도 문고판으로 나와 있다. 그때 자연과학에서 발날한 방법을 「판매」에 그대로 적용하는 것은 무리라는 의견도 있었지만 나는 물건을 대상으로 해서 성공한 방법을 적용함으로써 잘된다는 사실을 발견했던 것이다.

그것은 통계적으로 사물을 봄으로써 판매분야에서도 성공하는 결정적 방법을 발견할 수 있었기 때문이다. 이 경위에 대해서는 이 책에도 여러 가지 열거되어 있지만 그 무렵만 해도 일본 마케팅분야는 여명기였다.

그리고 같은 생각을 가진 동료들이 서로 모여 연구·개발을 거듭하면서 그 방법을 다듬었다.

가전제품은 물론 화장품, 의약품, 시계, 카메라 같은 대중제품에서 건설기계, 그리고 서비스업 또는 백화점이나 전문점에 이르기까지 광범위한 분야에서도 여기에서 발견했던 방법을 제시해 잘된다고 하는 것을 차츰 실증하게 되었다.

필자와 손을 잡고 이 새로운 방법론의 세계를 개척하던 사람들 중에 이미 고인이 된 사람들도 있다. 그러나 그 분들의 사고방식은 현재에도 그 빛을 발하고 있다. 즉 통계적으로 사물을 본다는 것은 시대의 흐름에 영향을 받지 않는

불변의 방법론이다. 따라서 그것은 일본인 손님뿐만이 아니라 문화나 사고방식이 완전히 다른 나라의 사람들을 상대할 때에도 사용할 수 있는 방법론인 것이다.

이 경험을 통해서 보면 사람 마음의 움직임이란 어느 나라나 같으며, 이것은 제품제작기술의 세계와도 완전히 공통된 것이다.

이와 같은 맥락에서 이 책을 출판할 것을 기획했던 것이다. 이 책을 읽어보면 당연한, 말하자면 콜럼버스(Columbus)의 달걀 같은 내용이 많다. 그러나 그것을 알지 못하는 사람이 보면 틀림없이 경이적인 마법의 지팡이처럼 보일 것이다.

물건을 판매하는 일에 특별한 마법의 지팡이는 필요 없다. 당연한 일을 당연하게 해주면 되는 것이다. 그래서 이 책은 무엇이 당연한 것인지를 설명하는 것이라고 생각해도 좋다.

끝으로 이 책을 완성함에 있어서 수고를 해주신 PHP 연구소의 이마이 아키히로(今井章博)와 니시다 히데코(西田秀子)에게 감사하는 바이다.

가라쓰 하지메

차 례

「판매왕」을 목표로 **1**

판매 성공의 「대법칙」

어떤 분야에서든 「최고」 또는 「왕」이라 불려지는 사람이 반드시 한두 명은 있다. 「타격왕」, 「코트의 황제」 등 여러 가지가 있지만 매일 근무하는 회사 안에서도 「왕」은 있다. 공장에 가면 「제조의 명인」, 「숙련공」이라고 불려지는 사람이 왕이고 또 판매쪽에서는 제품을 차례로 히트시키는 「판매왕」이 있다. 이 책은 그 「판매왕」이 되기 위한 책이다.

우선은 「왕」이 「보통 사람」과 어떻게 다른가를 보자. 나는 제조공장에서 오랫동안 근무했었는데 제조현장에도 그런 사람들이 반드시 있다. 이 사람들이 굉장한 것은 젊고 미숙한 기술자가 그린 도면이 현장에 보내져 와도 그 엉성한 도면으로 정확하게 제품을 만들어내기 때문이다.

사실 미숙한 기술자가 그린 도면 속에는 잘못이 많이 있고 그 도면대로 만들었다면 제대로 된 물건이 만들어질 수 없다. 그러나 현장의 최고 기술자에게 이렇게 엉망인 도면을 건네주면 어떻게 될까. 그것을 한번 본 것뿐인데 쓱쓱 고쳐 완벽한 제품을 만드는 것이다. 그것은 「숙련」이 이루어내는 작업이다.

판매의 왕도 마찬가지로 「숙련」의 기량을 갖는다. 점점 발전하고 있는 사회에서는 어떤 업종이든 「판매왕」, 「세일즈의 베테랑」이라 불려지는 사람이 있다. 그들이 기획하고 또 그대로 실행하면 지금까지 팔리지 않았던 제품이라도 날개돋친듯이 팔린다. 숙련의 눈이 팔릴 만한 틈새를 찾아내는 것이다.

이 숙련이라고 하는 것이 간단한 것 같지만, 실제로는 그렇지 않다. 그저 오랫동안 한 가지 일을 계속한다고 해서 숙련의 영역에 도달하는 것은 아니다. 반복되는 일 속에서 「법칙」을 파악했을 때 비로소 그 사람을 숙련인이라 말할 수 있다.

생각해 보면 물건을 만들 경우 매일 다른 일을 하고 있는 것처럼 보여도 완전히 다른 일을 하는 것은 아니다. 그 속에는 반드시 매일 반복되는 공통의 부분이 있다. 그 공통의 부분을 충분히 닦고 법칙화했을 때 숙련의 정도는 높아진다. 「왕」의 경지에 접근하는 것이다. 역으로 매일 하는 일이 완전히 다르다면 여기에서 숙련이라는 말은 성립되지 않는다.

판매의 세계에서도 마찬가지다. 손님의 기호나 성격은 각양각색이라고 할 수 있지만 손님의 마음을 붙잡는 공통부분은 반드시 있다. 그것은 매일매일 손님을 접대하다 보면 보이게 된다. 예를 들어 손님에게 쌀쌀맞게 응대할 때와 정중하게 응대할 때 손님의 반응이 다르다. 그 차이를 이해하고 응대하는 방법을 변화시켜 간다면 숙련의 영역에 접근할 수 있다.

스포츠의 경우를 예로 들어보자. 가령 골프 연습을 할 때도 골프채를 휘두르는 방법에 따라서 공이 잘 날아가는 경우도 있고 날아가지 않는 경우도 있다. 그래서 코치로부터 지도를 받는 것이다. 코치는 어떻게 골프채를 잡으면 잘 날아가는가 하는 방법을 알고 있다. 그 방법은 스윙의 반복 속에서 깨닫는다. 코치에게 배우고 반복연습하는 동안 스스로 깨우치고 느끼면서 실력이 향상되는 것이다. 그것이 반복의 효용이다. 판매의 세계, 제조의 세계, 그리고 스포츠의 세계에서도 그 방법을 파악하는 것이 그 분야의 황제가 될 수 있고 없고의 갈림길이 된다.

판매의 왕도는 규칙성에 있다

판매의 왕도(王道)는 방법을 파악하는 일이라고 말했지만 『그 요령을 파악하는 것이 쉬운 일이 아니다』라고 반론하는 사람도 있을 것이다. 이제부터는 그 요령에 대해서 좀더 깊이있게 살펴보기로 하자.

요령이란 여러 가지 방식이 있을 때 그 중에서 어떤 것이 성공할까를 판단할 수 있는 힘이다. 일이 잘되어 갈 때는 일정한 패턴이 있다. 「규칙성」이라 해도 좋다. 그것은 보통 반복되지만 그 반복되는 규칙성을 발견할 수 있는지 어떤지가 승부수이다.

물론 그런 것은 상식이라고 생각하는 사람이 있을지도 모른다. 이를테면 백화점에 점원이 새로 들어오면 반드시 여러 가지 교육을 실시한다. 손님이 왔을 때 어떻게 인사를 해라부터 시작해서 돈을 건네받았을 때 『얼마를 받았습니다』라고 말하는 것 등 여러 가지를 배운다. 이것은 손님을 응대할 때 그 방법이 다른 방법보다도 좋다고 하는 하나의 「법칙」이다. 즉, 규칙성을 배우는 것이다.

손님에게 인사하는 것 정도는 상식으로도 충분히 잘 해낼 수 있다고 생각되겠지만, 사실 그렇게 간단하지 않다. 예를 들어 손님이 다가올 때 어느 시점에서 말을 건넬까?

너무 멀리서 『어서 오세요』라고 말하면 이쪽을 돌아보지 않을 것이다. 또 너무 가까이 왔을 때 『어서 오세요』라는 것도 조금은 어색하다. 말을 건네는 것 하나에도 타이밍이라는 것이 있다. 이 타이밍 하나에도 규칙성이 있고 그것을 발견할 수 있는지 없는지가 중요하다.

이것은 물건을 파는 판매의 세계에만 한정된 것이 아니다. 술집이나 클럽에서도 접대가 능숙한 여성과 서투른 여성이 있다. 능숙한 여성은 자신의 경험을 통해서 이런 방법이 좋다고 하는 「규칙성」을 파악하고 그리고 반복해 나간 것이다.

　여기서 중요한 것은 규칙성을 발견할 수 있다는 것이 바로 일체의 사물을 통계적으로 볼 수 있음을 가리킨다는 점이다. 통계라고 하면 어렵게 들릴지도 모르지만 사실 아무 것도 아니다. 매일매일 우리들이 부딪치는 현상 속에는 여러 가지 일이 있다. 같은 의도로 했지만 성공하기도 하고 실패하기도 한다. 이러한 경험 속에서 성공하는 경우와 실패하는 경우의 차이를 미묘하게 구별해 간다. 그것이 가능할 때 모든 일을 통계적으로 볼 수 있게 된다고 할 수 있다.

손님이 물건을 사는 순간은 발작적 행동이다

판매의 세계에서 반드시 성공한다고 하는 「규칙성」은 있지만, 수학이나 과학처럼 공식화할 수 있는 것은 아니다. 따라서 이론이나 이유를 붙이는 것이 상당히 어렵다는 점을 알아둘 필요가 있다. 손님이라는 판매의 대상은 화학물질이나 방정식과는 달라서 지독하게 변덕스럽고 돌발적이고 발작적인 행동을 취하기 때문이다.

최면술에서 「후최면 현상(後催眠 現象)」이라는 것이 있다는 걸 알고 있는가? 최면을 걸면서 암시를 한다. 예를 들어 『당신은 잠에서 깨어나서 내가 손으로 당신을 때리면 물을 마시러 갑니다』라고 암시를 걸고 눈을 뜨게 한다. 눈이 떠진 후에 지금까지 최면술에 걸렸던 사람은 어떤 암시에 걸렸는지 아무리 생각해도 기억할 수 없다. 그리고나서 모두 잡담을 하면서 차라도 마시고 있을 때에 돌연 그를 때리면 어떻게 될까? 그 사람은 그대로 물을 마시러 간다.

이것은 잠재의식에 호소한 암시효과이지만 재미있는 것은 본인은 그렇게 생각하지 않는다는 점이다. 당사자가 물을 마시고 그 장소로 돌아왔을 때『당신은 왜 물을 마시러 갔습니까?』라고 물어보면 열이면 열 사람 다『목이 말라서』라고 말한다. 실제로는 암시에 의해서 물을 마시러 간 것이지만 본인은 목이 말라서 갔다고 믿는다. 이 최면술 실험은 무엇을 말하는 것일까?

인간이란 어떤 행동을 하고 났을 때 나중에『왜 당신은 이런 일을 했습니까?』라고 물어보면 반드시 그 이유를 붙이는 동물이다. 설령 무심코 한, 무의식적인 행동이었다고 해도 마찬가지이다. 게다가 그 이유도 논리정연해서 다른 사람들도 과연 그렇구나 하고 생각하게 된다.

인간의 행동은 이치에 맞고 합리적인 것처럼 보이지만 실제로는 그렇지가 않다. 나중에 자기가 조리 있게 이유를 댈 뿐이고 본래의 행동은 매우 충동적이다.

거기에서 나는 「구매발작설」이란 것을 세우기로 했다. 즉, 손님이 물건을 사는 그 순간은 일종의 발작이다. 이유 따위는 없다.

이같은 설을 말하면 반드시 반발하는 사람이 있다. 『당신은 구매동기 조사라는 것을 모른다』라고 말할 것이다. 물론 나는 그것을 잘 알고 있다. 구매동기 조사에서는 구매자에게 나중에 가서 『당신은 왜 이 물건을 샀습니까?』라고 물어본다. 역시 그럴듯한 대답이 돌아온다. 그러나 여러분들은 최면술 이야기를 듣고 그 트릭을 이미 알았을 것이다.

인간이란 어떤 행동을 일으키고 그리고 나중에 『왜 당신은 그런 일을 하였는가?』하고 물으면 반드시 그럴듯한 이유를 붙인다. 그러나 후최면 현상과 마찬가지로 이유는 나중에 붙인 것일 뿐, 실제의 동기라는 것은 최면 속에서 걸

린 암시이다. 인간의 결단이란 의외로 이유가 없는 경우가 많다. 판매에서도 마찬가지 현상이 일어난다. 손님이 물건을 구매할 것인가 말 것인가 하는 최후의 순간은 발작적인 경우가 많다. 그래서 물건을 산 뒤에 『당신은 왜 그 물건을 샀습니까?』라고 물어도 진실한 대답을 들을 수 없다. 이렇

게 말하면 독자 여러분은 걱정하게 될지도 모른다. 왜 손님이 물건을 사러 오는지 이유를 모른다면 어떻게 해야 물건이 팔릴까 하는 방법도 알 수 없지 않을까——그 의문은 틀렸다. 왜 손님이 물건을 사러 올까라는 이유는 몰라도 어떻게 해야 물건을 팔 수 있는가 하는 방법을 발견하는 것은 가능하다.

전에 이야기했던 판매왕이라든가 세일즈의 베테랑이라고 하는 사람들에게 『왜 당신은 이런 식으로 판매하십니까?』라고 이유를 물으면 설명해 줄 것이다. 그러나 그것이 전부라고 생각한다면 오산이다. 그들은 자신들의 체험을 통해 스스로 물건을 팔 수 있는 방법을 찾아낸 것이다. 「어떻게 하면」이 먼저이고, 「왜」는 성공 뒤에 오는 결과에 지나지 않는다.

인간은 맥락이 이어지는 이야기, 조리에 맞는 말을 신용하는 본능이 있다. 그러나 이 세상에서 일어나고 있는 사건들이 모두 논리적으로 진행되지는 않는다.

내가 여기서 강조하고 싶은 것은 인간의 행동이란 이치에 맞지 않는 경우가 많다는 점이다. 당신은 왜 당신의 부인과 결혼했는가? 물론 당신은 이런저런 이유를 말할 것이다. 그것이 정말인지 어떤지는 알 수 없다. 인간이 내린 결단의 근거는 실은 뜻밖의 곳에 있기도 하다. 『인격적으로 끌렸다』, 『마음이 맞는다』, 『취미가 일치한다』라는 이유는 뒤에 따라붙는 핑계이고 실은 『친한 친구가 결혼했기 때문에』, 『부모님의 성화에 못 이겨서』 결혼한 것일지도 모른다.

「문득」이라는 단어가 있다. 그래서 발작적이라는 단어를 사용한 것이다. 물건을 사는 동기도 같다. 『배가 고파서 그냥』, 『답답해서 문득』, 『색깔이 마음에 들어 무심결에』 —— 이것이 내가 주장하고 싶은 구매발작설이다.

판매의 「규칙성」은 경험에서

　손님이 물건을 사는 것이 발작적인 행동이라고 말했지만, 훌륭한 의사가 발작에 대응할 수 있는 것처럼 판매왕이라 할 수 있는 사람이라면 발작에도 충분히 대응할 수 있다. 손님이 왜 이 물건을 샀을까? 그 진짜 이유는 손님 자신도 모르는 것처럼 이 사람도 모른다. 그러나 손님들에게 상품을 파는 방법은 알고 있다. 경험을 통해 규칙성을 발견할 수 있기 때문에 가능한 일이다.

　가령 손님을 접대할 때 어떻게 말하면 제품을 판매할 수 있을까. 그것은 실제로 해봐야 확실히 알 수 있지만 상대에 따라서 나르다. 상대의 직업에 따라서는 너무 친절하게 응대하면 도리어 손님이 바보가 된 듯한 기분이 들어 물건을 사지 않을지도 모른다. 무뚝뚝하게 말하는 방법이 더 효과가 있는 경우도 있다. 한편 젊은 여성에 대해서는 그 나름대로 말을 거는 방식이 있다. 요즘은 거칠고 힘든 일을 하는 사람들에게도 그들만의 독특한 말 거는 방식이 있는 것 같다. 또 자존심 강한 사람에게 사용하는 단어도 있다.

이 단어의 사용법이 조금만 틀려도 큰일이 난다. 나는 자주 해외여행을 하는 편이다. 그때 비행기 스튜어디스들을 관찰하는데, 그녀들의 태도 하나에서도 그녀들이 많은 노력을 기울이고 있다는 것을 알 수 있다.

예전에 나는 어느 항공회사의 스튜어디스 훈련용 텍스트를 만들었던 일이 있다. 그때 손님에게 대하는 서비스를 두 가지로 나누었다. 우선 한 가지는 표준화된 서비스이다. 가령 머리모양은 이러한 모습으로 하라, 말을 걸 때에는 이런 말투로 해라 라고 하는 내용이다. 누구나가 똑같이 해도 좋은 표준적 서비스들을 제공하는 방법이다. 항공회사의 특성은 이러한 표준적 서비스에서 확실하게 나타난다. 예를 들어 미국의 유나이티드 에어라인(United Airline)이라는 항공 회사는 비교적 수수한 서비스로 유명하다. 그것에 반해 아메리칸 에어라인(American Airline)은 상당히 세밀하고 자상하다. 나는 어느 쪽이 좋다고 말하고 있는 것이 아니다. 이러한 서비스는 하나의 사풍이 되었다. 그렇기 때문에 기내 서비스라 해도 그 회사의 특성이 나타난다.

다만 기내에서는 이 표준적 서비스만으로 일이 끝나지 않는다. 손님은 각양각색이다. 태어나서 처음으로 해외여행을 하기 때문에 어떻게 해야 좋을지 모르는 손님도 있다. 또 매번 해외에 나가기 때문에 기내 서비스를 모두 알고 있는 사람도 있다. 이러한 사람들은 스튜어디스가 불필요한 말을 걸면 귀찮다는 표정을 짓기도 한다. 그런가 하면 거드름을 피우는 손님도 있다. 그러한 손님에게는 표준적 서비스만으로 충분하다고 할 수 없다. 그것만으로는 손님이 기뻐하지 않는다.

그래서 나는 두번째 서비스를 「제2차 서비스」라고 명명했다. 제2차 서비스는 우선 이 손님이 어떤 상황에서 비행기에 타고 있는가를 살펴본다. 예를 들어 태어나서 처음으로 해외에 가는 손님에게는 「제게 무엇이든 상담해 주세요. 저희가 당신이 쾌적한 여행을 할 수 있도록 도와드리겠습니다」라는 태도로 상냥하게 여러 가지 서비스를 한다. 또 자주 비행기를 타는 손님에 대해서는 「당신은 저희 항공회사에 대해서 익숙합니다. 그렇기 때문에 가능한 한 방해가 되지 않게 하겠습니다. 그러나 필요한 것이 있으면 불러주세요. 곧 서비스를 하겠습니다」라는 식으로 응대한다. 처음 탄 손님과 같은 태도로 너무나 세세하게 마음을 쓰면 귀찮다고 화를 낼 수 있기 때문에 그만두는 편이 좋다. 또 거드름을 피우며 으시대는 손님에게는 「당신 덕택에 이 비행기가 날고 있습니다」라는 식의 정중한 태도로 대한다.

이러한 제2차 서비스는 여러 가지 연구를 통해 타당한

이유에서 고안된 것처럼 보이지만, 사실 그렇지 않다. 반복되는 손님접대 속에 볼 수 있었던「규칙성」을 원칙으로 한 것뿐이다.

손님에도 여러 타입이 있다. 그러므로 처음 손님을 대할 때 어떻게 하면 기뻐할까, 또 상대방은 어떻게 느낄까에 대해 많은 궁리를 해야 한다. 이러한 작업을 실제 업무 속에서 계속 해나가고 거기서 규칙성을 발견한다. 그리고 다시 그 규칙에 따라 그대로 계속한다. 그렇게 하면 저 항공회사는 서비스가 상당히 좋다고 평판이 나는 것이다.

이때에 왜 그같은 서비스를 하면 손님이 기뻐할까라는 것에 이유를 붙이면 얼마든지 이유를 댈 수는 있을 것이다. 그러나 그것은 뒤에 갖다붙이는 이유이며 핑계일 뿐이고 다른 것에 응용될「규칙성」을 갖지 않는다.

손님의 기호를 파악해라

　이것은 나고야(名古屋)의 어느 일류 음식점의 안주인으로부터 들은 이야기이다. 그 음식점은 특히 요리가 맛있다는 평판을 얻고 있었는데, 안주인이 장사에 상당히 열심이었다. 어떤 비결이 있는지 물어 봤더니——나는 어느덧 잊어버리고 있었는데——안주인은 예전에 내게서 들은 조언을 그대로 따랐다고 털어놓았다. 내가 처음 그곳에 손님으로 갔을 때 이렇게 말했다고 한다.

　『주방장에게 잘 말해 두세요. 손님이라고 하는 사람들은 먹고 싶지 않은 것은 먹지 않습니다. 그렇기 때문에 단골 손님이 있으면 무슨 음식부터 젓가락을 대는지 혹은 요리를 치울 때 무엇을 먹다 남겼는지 그것을 기록해 두면 그 손님의 기호를 알 수 있어요.』

그래서 그 안주인은 열심히 손님의 식사 취향을 카드에 기록했다. 먹다 남긴 것을 보면 그 손님의 기호를 알 수 있다. 무엇이나 전부 먹어치우는 손님은 제일 부담이 적고 이쪽으로서도 고맙다. 그렇지만 음식에 따라서는 젓가락도 대지 않는 손님도 있다. 그러면 당연히 남는 음식이 나오게 된다. 그것을 기록했다. 특히 단골손님에 대해서는 주의깊게 조사했다.

그렇게 해서 손님들의 기호를 파악하게 되었다. 그래서 후에 같은 손님이 왔을 때에는 전에 젓가락을 대지 않았던 음식은 내지 않았다. 그런 식의 접대가 계속되면서 요리가 맛있다는 평판이 점점 퍼졌다.

사실 이것은 요리가 맛있는 것이 아니다. 자신이 좋아하는 음식만 나올 뿐이다. 손님 입장에서 보면 자신이 좋아하는 것만 나오기 때문에 맛있는 것은 당연하다.

여기서 중요한 것은 저 손님은 왜 이 요리를 싫어하는가

하는 이유 탐색이 아니다. 싫은 것은 싫은 것이다. 싫은 것
을 일일이 이유를 붙여서 연구하는 것은 장사에 한푼도 보
탬이 되지 않는다. 좋아하는 것만을 내놓으면 되는 것이
다. 이것이 장사의 기본이다.

좋은 신제품을 개발해서 판매하게 될 때 파는 장소를 어
떻게 꾸밀 것인가부터 시작해서 광고 방법, 시기 등에 대한
여러 가지 이론이 잔뜩 있다. 이것저것 어려운 이론을 말하
지 않으면 장사가 잘되지 않는다고 착각을 하는 사람조차
있다. 이것은 완전히 틀린 말이다. 왜 손님이 사는지, 사지
않는지 진짜 마음을 알 수는 없다. 경우에 따라서는 배가
고프기 때문에 맛이 없더라도 먹을지 모른다. 중요한 것은
사실을 먼저 보는 자세이다. 손님은 싫어하는 것은 싫기 때
문에 먹지 않는다. 좋아하는 것은 제일 먼저 젓가락을 댄
다. 그것뿐이다. 결국 장사의 기본은 손님의 요리 기호이지
이론이 아니다.

판매는 「실험」으로 시작해서 「실험」으로 끝난다

2

판매는 곧「실험」

    판매는 한치 앞도 내다볼 수 없는 암흑이다.「팔릴 것이다」라고 생각한 상품은 지지부진한데 같은 성능의 타사 제품은 팔리기도 한다. 하지만 거기서「팔리지 않아」라고 포기한다면 앞으로의 판매 가능성도 어둡기만 할 것이다. 상품을 판매하기 시작했을 때의 데이터가 아무것도 자신에게 입력되지 않은 상태이기 때문이다. 실제로 우리들이 매일매일 하고 있는 판매라는 것은 일종의「실험」이다. 그 실험의 데이터를 파악해두지 않는다면 다음 판매의 성공도 보장할 수 없다.

    예를 들어 어느 회사에서 새로운 제품이 나와 그것을 판매하기 시작했다. 이 자체가 대단한 실험이다. 팔릴 것인지 팔리지 않을 것인지는 물론, 어떤 계층의 사람이 관심을 가지는지, 어떤 장점이 있는지, 어디에 결함이 있는지 등 노력만 한다면 여러 가지 데이터를 얻을 수 있다. 판매활동의 한 가지인 광고도 그에 소요되는 비용이 상당하기 때문에 대단히 많은 돈이 드는 실험이라 할 수 있다. 기업은 이렇듯 돈이 드는 「실험」=판매를 매일같이 반복하고 있는 것이다.

이만큼 커다란 실험을 회사의 경비라는 형식으로 하고 있는데 데이터를 만들지 않는다면 낭비인 셈이다. 이러한 판매활동의 데이터를 분석해 간다면 그 속에서 규칙성, 결국은 상품 성공의 「철칙」을 발견할 수 있다. 새로운 아이디어도 여기에서 생겨나는 것이다.

매일매일의 판매활동을 「실험」으로 생각하자——그것이 판매의 왕이 되는 첫걸음이지만, 기기에는 외외의 효용도 있다는 점을 알아두는 편이 좋겠다. 실험으로 생각하면 손님이 터무니없이 무리한 요구를 하더라도 별로 화낼 일이 아니다. 「이렇게 말하면 상대편은 어떤 반응을 할까?」라고 생각하면서 대응해 간다면 다소 당치않은 말을 해도 「아아, 이런 표현은 잘못되었다」라는 데이터를 입수할 수 있기 때문에 오히려 이쪽에 플러스까지 된다.

이렇게 말하면 「실패는 성공의 어머니」라는 속담이 연상될지도 모른다. 그러나 실패는 성공의 어머니라고 하는 것은 좀 지나친 말이라고 생각한다. 「실패」는 목적도 수단도 아니다. 물론 우리는 실패하면 앞으로는 실패하지 않겠다고 생각할 것이다. 그러나 실패하지 않는 것과 성공하는 것은 별개의 것이다. 우리는 성공하지 않으면 안된다. 「실패하지 않는다」만으로는 끝낼 수 없다. 만일 실패했다고 해도 그것을 어떻게 하면 성공으로 결부시킬 수 있을까? 그 작업을 하는 것이 「실험」인 것이다.

판매활동의 실험 데이터를 만든다

　판매활동을 「실험」이라고 생각한다면 실험을 방치해서는 안된다. 항상 데이터를 얻을 수 있는 방법으로 실험을 하여야 한다. 언제나 나는 회사에서 무언가 개최하려고 하는 경우에는 반드시 데이터를 만들 수 있게 하라고 제안한다.

　일본의 자동차 회사가 도쿄 모터쇼라는 큰 전시회를 개최하고 있는 것을 알고 있는가? 지금은 가을에 지바(千葉)현의 마쿠하리멧세(幕張〆ッセ)에서 열리고 있지만 처음에는 도쿄(東京) 히비야(日比谷)공원에서 큰 규모로 열렸다. 이 전시회에서는 신형차와 그밖의 것을 새로이 선보였다. 두번째 진시회가 열렸을 무렵 나는 어느 자동차 회사로부터 모터쇼 티켓을 받았다. 나도 모토쇼 이야기를 듣고 있었지만 구체적으로 어떤 것인지 물어보았다.

『작년 모토쇼는 어땠습니까?』

『그야, 대단한 인기였습니다. 금년은 더 많은 손님들이 오겠죠.』

거기서 나는 머리에 번뜩 떠오르는 게 있었다. 「오, 이것은 대단한 실험이다!」 나는 곧 되물었다.

『그만한 돈을 들여 쇼를 한다면 필시 데이터를 만들어 두었겠죠?』

그러자 상대방은 놀라서 『아니, 그것은 그냥 모토쇼니까……』라며 말을 흐렸다. 나는 그에게 제안했다.

『그것은 너무 아깝습니다. 그만한 돈을 들여 쇼를 한다는 것은 굉장한 실험을 하는 것과 같습니다. 그렇기 때문에 그것에 대한 데이터를 반드시 만들어 두십시오.』

그러나 상대방은 『앞으로 일주일 정도밖에 안 남았습니다. 지금부터 계획한다 해도 무리에요』라며 고개를 설레설레 내저었다.

인간이라고 하는 것은 이상한 존재로, 누군가 적극적인 제안을 하면 상대편은 할 수 없는 이유를 늘어놓기 시작한다. 그래서 나는 말했다.

『일주일이나 있으면 충분합니다. 내가 계획하면 내일부터라도 가능합니다』

이렇게 하면 상대방도 반대할 이유가 없어진다. 『비용이 많이 들죠?』『아니, 그렇지 않습니다.』물론 당시의 물가는 현재에 비해 싼 편이었다. 학생의 일당이 대략 하루에 400엔, 그래서 재빠르게 머리 속으로 계산했다.

『열 사람 모으면 하루 4,000엔이면 충분합니다. 10만 엔 있으면 충분하죠』라고 하자 상대방도『10만 엔으로 그런 조사가 가능하다면 해봅시다. 부탁합니다』라고 대답했다.

곧 나는 어느 대학에 전화를 걸었다. 친구에게 자동차 학부의 학생을 20명 정도 3일간의 일정으로 모집해 달라고 말했다. 모토쇼 조사 아르바이트이므로 자동차 학부를 지명한 것이다. 차에 대해서 아무것도 모르는 초보자를 모토쇼 아르바이트로 모으면 곤란하다. 나의 의뢰에 상대방은 기뻐하며 곧 20명의 학생을 동원해 주었다.

당일 나는 히비야공원 입구로 20명의 아르바이트 학생들을 집합시켰다. 개장하자 차례차례로 손님들이 들어간다. 그 얼굴을 보면 대체로 직업을 알 수 있다. 사장인 듯한 사람, 트럭 운전사 같은 사람 등 여러 손님들이 온다.

눈에 띄는 손님이 오면 『이봐, 저 남자를 쫓아가』라고 곧 아르바이트 학생에게 지시한다. 물론 미행당한다는 것을 당사자는 알지 못한다. 미행당하는 손님은 여러 회사의 부스들을 돌아보면서 질문을 하기도 한다. 손님이 죽 둘러보고 대회장을 나오려 할 즈음에 아르바이트 학생에게 손님을 붙잡게 했다. 거기서 질문했다.

『어디서 오셨습니까? 직업은?』이 두 가지 질문으로 충분하다. 지금까지 무엇을 하고 무엇을 보았나 하는 데이터는 미행중에 얻었기 때문이다. 이렇게 하면 손님에게 폐를 끼치지 않고 만족한 데이터를 만들 수 있다. 이러한 조사를 3일간 했는데 비용은 불과 2만 4,000엔이었다. 그만한 데이터를 자동차쇼 이외에서 얻으려면 비용을 많이 들여도 좀처럼 만들 수 없다.

조사 결과는 여러 분야에 즉각적으로 나타난다. 실제 그 회사가 내놓은 신형차에서 문제점을 한 가지 발견할 수 있었다. 그 신형차는 마침 펜더 위쪽 좌우에 방향지시등이 부착되어 있었다. 미행당해 질문을 받은 방문객 몇 명이 『저 방향지시등을 달면 백밀러에 반사되서 앞을 볼 수가 없을 것』이라고 지적했다. 제조회사측에서 조사해보니 지적대로 램프를 단 위치가 나빴다. 그래서 양산할 차에서는 방향지시능의 위치를 조금 달리했다.

이 이야기 하나에서도 판매가 곧「실험」이라고 하는 의미를 이해할 것이다. 물론 자동차 회사의 기술자는「이 차는 이것으로 100% 완벽하다」라고 생각하며 출고한다. 그렇지만 모토쇼의 방문객 중에는 여러 부류의 사람이 있다. 그리고 대부분의 사람이 차에 높은 관심을 표하고 있다. 그 사람들이 다양한 눈으로 살펴보는 것이다. 그렇게 해서 회사 쪽에서 생각하지 못했던 문제점까지도 지적해 주는 것이다.

이벤트 붐이 일고 있는 현재에는 모토쇼뿐만 아니라 더 크고 다양한 쇼가 예사로 열리고 있다. 유난히 봄 또는 가을에 이러한 쇼가 많다. 회사도 돈을 들여서 쇼에 참가하는 것이니 그것은 큰 「실험」이다. 그러므로 데이터를 만들지 않을 수 없다.

아키하바라의 화재가 제공한 찬스

상당히 오래 전 이야기이지만, 도쿄 아키하바라(秋葉原)의 전자상가에서 화재가 난 일이 있었다. 그 때 마침 나는 동창회모임 때문에 아타미(熱海)에 가 있었다. 당시로는 드물었던 휴대용 라디오를 가지고 있어서 아키하바라의 전자상가에서 화재가 났다는 뉴스를 들을 수 있었다.

그것을 들은 나는 어느 전자회사의 영업소장에게 바로 전화했다.

『모두들 뭐하세요?』

『위로하러 갔습니다.』

『좋아요. 그러면 위로하러 가 있는 사람들을 2조로 나누세요. 절반은 전소된 상점으로 위로하러 갑니다. 나머지 절반은 다른 회사가 전소된 상점에 대해서 어떤 조치를 취하

는가를 철저히 조사하십시오. 그리고 귀사에서 다른 회사가

한 것 이하의 일은 절대 하지 마십시오.』

　이것이야말로 확실한 화재 현장 조사라 말할 수 있다. 이

러한 지시를 한 덕분에 다른 회사가 어떻게 위로를 하고 어

떻게 뒷처리를 했는지 대략 알았다. 그 데이터는 이후 전략

의 중요한 힌트가 된다.

아키하바라의 전소된 그 상점에서 문제가 되었던 것은 타버린 상품을 어떻게 처리해야 하는가였다. 많은 양의 상품이 타버렸기 때문에 손해를 반반으로 나누자는 회사가 상당히 많았다. 한편 내가 도와주었던 회사는 그 상점에 납품을 하기 시작한지 얼마되지 않았다. 덕분에 피해 금액은 그다지 많지 않았기에 나는 영업소장에게 말했다.

『다른 곳은 타버린 상품에 따른 손해를 반반씩 나누는 깍쟁이짓을 하고 있습니다. 당신은 전부 무료로 처리하도록 하세요.』

일견 아무렇지도 않게 들릴지 모르나 그 영업소장은 내가 말한 의미를 잘 이해했다. 그래서 그 회사만은 『타버린 상품은 전부 이쪽 부담으로 처리하겠습니다. 무료로 말입니다』라고 이야기했다. 그리고 이것을 아키하바라에 선전했다.

이렇게 하면 그 뒤는 간단하다. 다른 회사가 어떤 것만 보증했는가 등의 이야기는 다 사라지고 저 회사는 타버린 상품 전부를 회수해 주었다는 평판만이 확실하게 전해졌다. 저 회사는 다르다고 일약 평가가 높아졌다. 덕분에 아키하바라 전자상가에서 타버렸던 상점은 물론, 좀처럼 그 회사의 상품을 놓지 않던 상점에까지 전부 상품을 납품할 수 있게 되었다.

　이것이 아키하바라에서의「실험」결과이다. 아키하바라의 화재는 나에게 있어서는 원하지도 않았던 실험의 찬스였다. 실험이니 이것은 데이터로 만들지 않으면 안된다. 그래서 영업소장에게 전화했던 것이다.

현장 데이터야말로 최강의 무기

　판매의 실험 데이터를 손에 넣은 사람이 판매를 지배한다
는 것은 납득할 만하지만, 언제까지나 동일한 데이터를 기
본으로 해서는 어쩐지 불안하다. 손님은 세상과 더불어 변
화해 간다. 패션이나 놀이의 유행을 비롯하여 변화가 무척
빠르다. 그래서 한번 데이터를 축척하면 그것으로 충분하다
고 만족해서는 안되고 세상의 변화에 계속 대응해가야 한
다. 꾸준히 새로운 데이터를 수집하고 그것에 따른 판매전
략을 세운다. 이것이 판매를 성공시키는 기본이다.

　이 경우에 가장 중요한 것은 바로 현장이다. 판매의 현장
인 판매장에서 실제로 무엇이 팔렸는가를 보면 세상의 변화
를 한눈에 파악할 수 있다.

　어느 중소도시에 위치한 한 회사의 사장으로부터 상담을

받았다. 이 회사는 된장과 간장을 만들어 판매하고 있었는데, 수요가 그다지 증가하지 않아 성장을 멈추고 제자리 걸음을 하고 있는 상태였다. 게다가 경쟁도 무척 심하다고 했다. 이런 상황 속에서 어떻게 하면 매출을 증가시킬까 하는 것이다.

나는 그에게 어떤 루트로 제품을 팔고 있는지 물어보았다. 대개 두 가지 경로를 통한다고 했다. 하나는 슈퍼마켓으로 대표되는, 말하자면 양판점에 판매하는 경우이다. 또하나는 술집을 비롯한 단골집 주문을 받아 배달하는 경우이다. 단골집의 주문으로 배달하는 경우에는 이야기가 간단하다. 그 술집 주인이 우리 제품을 사용하도록 여러 가지 배려를 해주면 틀림없이 팔린다. 리베이트를 준다든지 술집주인을 여행이나 식사에 초대한다거나 하는 여러 가지의 요령이 있다.

제일 귀찮은 것이 대형 양판점이다. 슈퍼마켓 등의 양판점에서는 상품을 죽 진열해 놓고 그 후는 손님의 자유로운 선택에 맡기고 있다. 리베이트라든지 접대 등의 수법으로 해결할 수도 없다. 그래서 나는 물어보았다. 대형매장에서 실제로 된장이라든지 간장을 사고 있는 사람들을 관찰한 일이 있는가, 손님이 어떤 생각을 거쳐 상품에 손을 대는 것인지 옆에서 지켜본 적이 있는가를 물어보았다. 그러자 거의 본 적이 없다고 하는 것이다. 대형매장의 경우에는 그 양판점의 점장과 상담을 한 다음, 그 뒤는 점장의 지시에 맡겨놓고 있는 것 같았다.

그래서 나는 그 회사의 부장과 함께 실제로 팔리고 있는 현장을 보러 갔다. 그 곳에서 놀랄 만한 사실을 발견했다. 우선 간장은 제조회사마다 특정한 장소를 정해서 진열대를 만들고 거기에 간장을 죽 늘어놓는다. 선반 위에는 커다란 광고지를 매단다. 광고지에는 몇 퍼센트 할인이며 얼마라고 선전문구가 씌여져 있어서 그 선전문구에서 오늘의 주요상품을 알 수 있게 한다. 손님은 그 주요상품을 발견하고 구입하도록 유도하는 비교적 간단한 방법이다.

한편 된장은 어떠한가. 된장은 대부분 일정한 규격의 비닐 주머니에 담겨져 즐비하게 진열되어 팔리고 있다. 라이벌 상품도 같은 선반에 진열되어 있다. 나는 이 된장 선반을 찾는 손님의 구매 방법을 관찰하는 동안에 마음에 걸리는 점을 발견했다.

된장 주머니의 겉에는 예쁜 디자인으로 채색된「신슈(信州)」라든가「오바라(尾張)」라는 브랜드 이름이 쓰여있다. 또 주머니 안쪽에는 그 된장의 사용방법이나 주의사항이 자세하게 인쇄되어 있다. 손님은 눈에 띄는 된장 주머니를 하나 손에 들고 그 안을 뒤집어 본다. 그대로 사준다면 괜찮겠지만 선반에 도로 놓아버리는 경우도 있다. 된장 주머니의 겉과 속을 뒤집어 놓은 채였다. 손님이 도로 놓아둔 된장 주머니는 세세하게 글자가 쓰여진 면이「겉」이 되어버린 것이다. 그렇게 되면 다음 손님은 손을 대지 않는다.

판매하는 쪽에서 보면 판매방해를 받는 것 같았겠지만, 나는 뒤집어 놓은 손님에게 물어보았다.

『조금 전 저 된장을 뒤집어 보셨는데 안에 무엇이 씌어 있었습니까?』

그 물음에 대해 아무도 선뜻 대답하지 못한다. 아무것도 기억하고 있지 않은 것이다. 손님이 된장 주머니를 뒤집어 놓은 것은 일종의 조건반사 같은 것이다.

나는 이 데이터를 기초로 한 가지 제안을 했다. 애써서 안쪽에 설명서를 써놓아봤자 아무도 읽지 않는 듯하다. 그러면 차라리 겉의 디자인을 속에도 인쇄하자. 겉과 속이 같은 디자인이 되면 손님이 아무리 뒤집어도 겉의 디자인이 나온다. 물론 이것은 실험을 해보지 않으면 알 수 없다.

그래서 겉과 안이 똑같은 디자인의 주머니를 100개 만들었다. 그리고 종래대로 겉에 디자인을 하고 속에 자세한 설명이 붙은 된장과 같이 진열해 놓고 실제로 팔아 보았다. 결과는 어떠했을까? 겉과 안을 똑같이 디자인한 쪽이 3배 많이 팔렸다. 여기서 이미 답이 나왔다고 말해도 좋을 것이다. 속에 인쇄해 넣은 설명서는 필요 없는 것인지 매상에는 방해가 될 뿐이었다. 그래서 겉과 안을 같게 디자인하자고 결정했다.

이 이야기에서 내가 말하고 싶은 것은 데이터를 만들어도 실제 현장에 나와 관찰한 데이터가 아니면 효력이 미미하다는 것이다. 실제로 손님이 만져보고 어떻게 사 가는가를 관찰하는 것이야말로 마케팅의 기본이다. 현장 데이터야말로「최강의」무기가 되는 것이다.

현장에서 직접 얻는 생생한 데이터

　이전에 어느 회사에 가니 아르바이트를 이용해서 여러 가지 조사를 했다고 한다. 도대체 어떻게 했냐고 물어보니 학생들을 고용해서 『어느 상품이 팔립니까?』라고 조사하고 다녔던 것 같았다. 그래서 나는 말했다.

　『그렇게 하지 않더라도 그 가게에서 무엇이 팔리는가 정도는 보면 모르겠는가?』

　나는 어려운 일을 말하는 것이 아니다. 간단하다. 슈퍼마켓에서는 잘 팔리고, 그리고 더 잘 팔리기를 원하는 상품은 제일 좋은 장소에 놓는다. 구석에 놓아두는 것은 어차피 팔리지 않는 물건으로 그 회사와의 의리 때문에 놓아두는 것에 지나지 않는다. 그래서 슈퍼마켓에 가서 무엇이 잘 팔리는지 물어보는 것은 어리석은 행동이다. 어떤 식으로 상품이 진열되었는가만 보면 그 상점의 주력상품이 무엇인지, 무엇이 어느 정도로 팔리고 있는지를 전부 알 수 있다. 그 것은 현장에서 관찰하는 사람에게는 매우 손쉽고 간단한 일 이다.

이 「현장주의」는 물건을 파는 세일즈맨에게 국한된 이야 기가 아니다. 제조현장도 마찬가지이다.

나는 품질관리 전문가로서 여러 제조공장의 품질관리 지 도를 한 적이 있다. 공장에 가면 공장 전체의 설명도 듣는 둥 마는 둥 하면서 내가 가장 먼저 보러 가는 것은 현장이 다. 거기에 꼼짝 않고 멈추어 서서 적게는 10분, 보통은 30분 정도 관찰한다. 그러면 그 공장 사람들조차 깨닫지 못 했던 문제점까지 볼 수 있다. 예를 들어 불량품을 만드는 것은 어떤 때인가 하는 것이 보이는 것이다.

나는 오랜 기간의 반복으로 이런 관찰을 하는 것이 하나 의 습관이 되었다. 백화점에서, 또 여행사 티켓 판매창구에서 또는 슈퍼마켓 판매점에서 30분 정도 관찰하고 있으면 이 상점의 문제가 무엇인가를 볼 수 있다. 이 습관은 해외에 갔을 때에도 마찬가지이다.

그러나 현실적으로 너무너무 바쁜 비즈니스맨이나 상인들이 판매장 등의 현장에 쭉 붙어서 관찰하기란 힘들지도 모른다. 이럴 때는 비디오로 녹화해 두면 좋다. 요컨대 생생한 데이터를 얻는 것이 중요하다. 아르바이트를 써서 얻은 앙케트라고 하는 2차 데이터로는 당연히 볼 수 있는 문제점조차 희미해진다.

광고비를 효율적으로 사용하는 「세 도시 실험」

　내가 주창한 「실험」이 효력을 발휘하는 것은 판매 현장에서의 세일즈만이 아니다. 가령 광고라고 하는 분야에서도 효력을 발휘한다. 광고가 매출에 어느 정도 효과가 있는가에 대해서 조사해 보는 것은 일반적으로 매우 힘들다.

　광고를 한 뒤에 손님에게 가서 『당신은 어떤 광고를 보고 사셨습니까?』라는 앙케트가 자주 행해지고 있다. 하지만 내 생각에 그런 앙케트는 거의 쓸모가 없는 것 같다. 일일이 앙케트를 하지 않아도 간단하게 광고효과를 측정할 수 있는 실험이 있다.

　예를 들어 TV, 포스터, 신문이라는 세 가지 미디어를 사용해 광고를 한다고 하자. 우선 처음 2주간 각각 도쿄에서

는 TV, 오사카(大阪)에서는 신문, 나고야에서는 포스터만
을 사용해서 광고를 한다. 2주가 지나면 바꾸어서 도쿄에서
는 포스터, 오사카에서는 TV, 나고야에서는 신문으로 광고
한다. 또 2주가 지나면 이번에는 도쿄에서 신문, 오사카에
서 포스터, 나고야에서는 TV로 새롭게 바꾸어 광고한다.
「시간 차이」, 「지역 차이」를 이용해서 매출이 어떻게 변해
갔는지를 조사하는 것이다.

이때 도쿄에서는 제1주부터 잘 팔렸고 오사카에서는 2주
가 지나서야 겨우 팔렸다고 하는 사실을 발견한다면 TV광
고가 효력이 있다는 것을 알게 된다. 이 사실을 알았다면
포스터나 신문광고는 필요 없다. TV 한 대로 공략하면 된
다. 이렇게 해서 세 도시의 매출이 각각 어느 광고매체를
사용했을 때 신장하는가를 살펴보는 것이다.

내가 이런 설명을 하면 『광고라는 것은 그런 것이 아니
다. TV, 신문, 포스터 모두 동원해서 일제히 하지 않으면

상승효과가 나오지 않는다』라고 반박하는 사람이 있을지도 모른다. 그렇다면 그 의견도 채택해 후쿠오카(福岡)에서는 TV, 신문, 포스터의 세 가지·매체를 모두 동원해 일제히 광고해보는 것도 좋다.

가장 중요한 것은 무엇이 판매에 효력을 가지고 무엇이 쓸모없는가를 명확하게 파악하는 것이다. 각각의 광고를 섞어서 같이 시행해 보면 무엇이 효과가 있는지 알 수 없게 된다. 각각의 독립된 효과를 알고 싶다. 그럴 때에는 지금 말한 식으로 편성해서 실험을 해나가면 좋다.

우리들은 매일의 판매활동 속에서 이쪽저쪽으로 아이디어를 짜내 실행에 옮기고 있다. 다만 염려스러운 것은 일시적 생각으로 행동하는 경우가 상당히 많다는 점이다. 게다가 막대한 비용도 든다. 애써서 많은 비용을 투자하는 것이기 때문에 각각의 효과가 어느 정도 다른가 구별할 수 있도록 미리 계획해서 판매활동을 하는 것이 현명하지 않을까. 막

대한 광고비를 더욱 효율적으로 사용할 수 있는 방법이 여
기에 있는 것이다.

휴식의 접대와 술로 법석을 떠는 접대

　우리들이 세일즈에서 「함락」시키지 않으면 안되는 대상은 개인적 손님이나 불특정 다수의 대중만이 아니다. 도매상이라고 하는 중개상을 상대로 분투하지 않으면 안될 때도 있다. 물론 거기서도 실험과 관찰은 도움이 된다. 지금부터 이야기하는 케이스는 정말로 실험 없이는 알 수 없는 케이스이다.

　옛날 어느 회사에 갔을 때 모두가 사장실에 모여 회의를 하고 있는 현장을 우연히 보았다. 새로이 완공된 공장에 도쿄의 가전제품 도매상을 초대하는 것에 대해 의논하고 있었다. 그런데 들어보니 의견이 두 가지로 나뉘었다.

　하나는 『도쿄의 가전제품 도매상들은 제조회사와의 교제만으로도 지쳐 있다. 그러므로 이번에 오면 될 수 있는 대로 일정을 넉넉하게 짜서 피곤하지 않도록 하자』라는 의견이었다.

그것에 대해 완전히 반대 의견도 나왔다. 『도쿄의 도매상들은 그렇지 않다. 그곳 점원 한사람 한사람은 우리 같은 회사의 초대를 줄줄이 기다리고 있다. 그래서 초대를 받으면 조금 일정이 빡빡해서 지쳐도 괜찮기 때문에 많은 접대를 받기를 원한다. 지칠 정도가 되어야 좋다』라고 말했다.

양쪽 의견 모두 들어보면 그럴듯해서 어느 쪽이 옳은지 모르겠다. 그래서 나는 한 가지 실험을 하자고 사장에게 제안했다.

도쿄에서 초대한 손님을 2조로 나누었다. 우선 제1그룹은 될 수 있는 대로 많은 접대를 한다. 아침 일찍 전차를 타고 노착하면 바로 공장에 데리고 간다. 공장을 견학한 뒤에 그날밤은 나고야의 요리집에서 술을 마시며 진탕 논다. 다음날은 일본라인에 데리고 가 유람을 한다. 전차로 돌아온 것은 저녁 무렵이었다. 실제로 손님들은 전날 밤 와자지껄한 술접대로 상당히 지쳐버렸다. 거기에 일본라인 유람 등, 꽉 짜여진 일정으로 몹시 피곤한 상태로 도쿄로 돌아갔다. 이것이 제1조이다.

제2그룹은 가능한 한 느긋하게 하려고 아침 전차도 늦게 잡았다. 그리고 나고야에 도착하면 공장을 견학하고 저녁까지 이세(伊勢)로 간다. 그 곳 호텔에서 그날은 푹 쉰다. 다음날 오전은 자유시간, 저녁 전차로 돌아온다. 본 것은 공장과 그리고 이세, 아고(英虞)만 바다의 경치뿐이다. 야단법석을 떠는 술접대는 하지 않았다.

이것으로 실험은 끝났다. 후에 어느 쪽이 좋은가 효과 측정을 하기만 하면 된다. 그래서 영업부 직원들에게 무엇이든지 느낌을 보고하라고 했다.

곧 알 수 있었던 것은 야단법석을 떨었던 쪽이 압도적으로 평판이 좋았다는 점이었다. 회사의 영업사원이 피곤할 정도로 접대를 했던 그 상대와 만나면, 상대편이 순간 반가운 얼굴로 웃으며 『저, 좀 천천히 해라』라고 말한다. 도쿄의 도매상이라는 사람들은 대단히 바쁘기 때문에 보통은 용건밖에 말하지 않는다. 10분이나 15분 있으면 벌써 싫은 얼굴이 된다. 그럼에도 불구하고 술접대를 받은 그룹은 완전히 태도가 다르다.

『여기서는 이야기가 되지 않으니까 커피라도 마시러 가자』라며 자리를 옮겨 커피전문점에서 그때의 시끌벅적했던 모양, 그리고 일본라인을 유람했을 때의 이야기를 계속하는 것이었다.

이 경우는 실험해보지 않고서는 절대 알 수 없다. 분명히 실험 전에는 어느 쪽도 그르다고 생각할 수 없었다. 예의상 오기 때문에 될 수 있는 한 천천히 휴식을 취하는 쪽을 좋아할 것이라는 의견도 당연하다.

「자, 이번은 내가 접대받을 차례다」라며 몰려들기 때문

에 지칠 정도로 될 수 있는 한 일정이 빡빡한 프로그램 쪽
이 좋다고 하는 것도 일리가 있다. 이렇게 어느 쪽이 좋은
지 알 수 없을 때에는 실험을 하는 것이 가장 좋다.

장사라는 것은 팔면서 조사하고 조사하면서 파는 것으로
시작해서 성공하는 것이다.

「팔리지 않는다」를 「팔린다」로 결부시키는 안목

이장의 마지막에 강조해두고 싶은 것은 실험 데이터를 읽는 법, 사용하는 법이다. 확실하게 실험을 하면 귀중한 데이터를 얻을 수 있다. 그 데이터를 살리는 것도 죽이는 것도 당신에게 달렸다. 그것에 대해서 나는 옛날부터 유명한 한 가지 사례를 들고자 한다.

제1차 세계대전이 끝났을 때 남쪽 섬으로 두 명의 세일즈맨이 구두를 팔러 갔다. 한 남자는 곧 편지를 썼다. 「애써서 이 섬에 왔는데 이 섬의 주민들은 모두 맨발로 걸어다니고 있다. 따라서 이곳의 구두 수요는 제로이고 팔 가망은 없다.」 틀림없이 지당한 의견이었다.

한편 또 한 사람의 세일즈맨은 다른 대답을 냈다. 「가보니 다행스럽게도 주민이 전부 맨발이었다. 이 사람들에게 구두를 신기는 일에 성공하면 실로 거대한 시장이 생기게 되고 신발은 얼마든지 팔릴 것이다. 정말 유망하다.」

이 이야기에 주의하기 바란다. 구두는 전혀 팔리지 않을 것이라고 말한 세일즈맨의 논지도 완전히 잘못된 것은 아니다. 그러나 이 보고서는 판매에는 전혀 도움이 되지 않는다. 논리정연한 대답이 늘 옳고 도움이 된다는 것은 틀린 사실이다.

팔 수 없다고 말한 세일즈맨은 목적연구를 정확히 하지 않았기 때문에 그런 대답을 한 것이다. 구두 세일즈맨은 구두를 팔러 다니는 것이 일이다. 구두를 팔 수 없다는 대답이 나오니 이것은 그만큼 헛된 돈을 쓴 것이 된다. 구두를 팔기 위해서 다닌다면 어떠한 경우라도 팔 수 있다는 쪽으로 결부된 대답을 내지 않으면 세일즈맨으로서 실격이다.

「팔리지 않는」 것을 불황 탓으로 돌리지 마라

90년대의 일본은 거품 경제가 가라앉으면서 불황이 계속되었다. 그 탓인지 물건이 팔리지 않을 때 그 책임을 불황 탓으로 돌리는 나쁜 버릇이 생겼다. 하지만 잘 생각해 보기 바란다. 물건이 팔리지 않으면 회사는 망하는 것이다. 불황이라고는 해도 실제로 일본 국내에서 아무것도 팔리지 않을 리는 없다.

내가 어느 자동차 회사에 갔을 때 화가 났던 일이 있었다. 『차가 좀처럼 팔리지 않는 것은 불황 때문이다』라며 식자라고 하는 사람들의 말을 인용하면서 푸념했기 때문이었다. 그 푸념에 대해 나는 이렇게 말했다.

『그렇게 말하지만 지금도 일본 국내에서 차가 연간 600만 대나 팔리고 있지 않은가. 600만 대나 팔린다면 대단한 것이다. 그러므로 당신의 경우 팔리지 않는다는 것은 팔리지 않는 차만 만들기 때문이다. 팔리지 않는 차를 만들면 팔릴 리가 없다. 팔리지 않는 이유를 불황 탓으로 돌리는 짓은 그만둬라.』

약 4개월 후 그 회사의 어느 부장으로부터 전화가 걸려왔다. 『당신 말대로였습니다. 이번에 나온 차는 잘 팔렸어요. 3,000대로 계획했던 것을 1만 5,000대로 수정하게 되었습니다』라고 말하며 기뻐하는 것이었다. 실제 불황이어도 팔리는 것은 팔린다.

뭔가 물건이 팔리지 않게 되면 흔히들 『경기가 나쁘기 때문이다』라고 남의 탓을 한다. 물건이 팔리지 않으면 경기가 나쁘다라고 하지만 경기가 나쁘면 팔리지 않아도 좋다고 하는 것과는 완전히 다른 차원의 이야기이다. 우리들은 평론가가 아니다. 만들어 놓은 물건은 팔아야만 한다.

아까의 구두 세일즈맨의 경우도 마찬가지이다. 주민이 전부 구두를 신지 않고 맨발로 다니고 있다. 그렇기 때문에 이 섬에서는 한 켤레의 구두도 팔리지 않을 것이라는 것은 초등학생의 산술일 뿐이다. 최소한 우리는 영업을 하고 있다. 설령 모두가 맨발로 다녀도 또 반대로 모든 주민이 이미 구두를 신고 있어도 팔 수 있다라는 결론을 내야 한다. 그것이 진정한 세일즈맨이다. 요컨대 목적의식의 차이이다.

데이터에서 판로를 찾아라

「비즈니스 항공사진」의 촬영법

　지금까지 나는 「실험」의 반복이야말로 「판매왕」이 되는 비결이라고 이야기했다. 하지만 「판매왕」이 되려면 그것만이 아니라 수요의 크기에 대해서 생각해 보는 것도 중요하다. 즉, 손님이 도대체 어느 만큼 돈을 가지고 있는가 또 어떤 생활을 하고 있는가를 파악하는 것이다.

　이러한 전체적인 면을 살펴보지 않으면 모처럼 「실험」에 의해서 얻을 수 있었던 데이터도 소용없게 되고 예측이 틀리게 될지도 모른다. 예측이 빗나간 물건을 팔려고 하는 것은 사막에서 물을 주는 것과 같다.

　「판매왕」은 함부로 씨앗을 뿌리고 물을 주지 않는다. 어떤 땅에 씨앗을 뿌리면 풀이 자라날까, 또 어떤 씨앗을 뿌리면 좋은가 —— 그것들을 정확히 파악하고 있다.

상품을 팔기 위해서는 우선「전체적인 시장」을 살펴볼 필요가 있다. 이것은 마치「항공사진」을 보는 것과 같다. 항공사진을 보면 어디에 산이 있고 어디에 하천이 있는가, 또 도로가 어디에 있고 집은 어디에 있는가 하는 그 지역의 전체적인 모습을 파악할 수 있다.

항공사진에 찍혀있는 집에 도대체 어떤 사람이 살고 있으며 어떠한 생활을 하고 있는가 하는 것은 집안에 들어가 보지 않으면 알 수 없다. 그러나 그것은 나중 이야기이다. 우선은 전체적으로 바라보는 것, 즉 항공사진 같은 것을 사용해서「전체적인 시장」을 조망하는 일이 필요하다.

판매에서 필요한 항공사진, 말하자면「비즈니스 항공사진」이라는 것은 무엇인가? 그것은 국가나 각종단체가 조사한 여러 종류의 데이터이다. 다행스럽게도 일본에서는 상당히 많은 데이터가 발표되고 있다. 그렇지만 이러한 데이터를 모으기만 하면 되는 것은 아니다. 보통의 항공사진도 실제로 도움을 얻으려면 단지 막연하게 바라만 보지 말고 산이나 강이나 집들이 어떻게 위치하고 있는가 등을 자세하게 볼 필요가 있다. 비즈니스 항공사진도 마찬가지이다. 모아 놓은 「비즈니스 항공사진」, 즉 데이터를 「어떻게 읽고 이해하는가」, 이것이 매우 중요한 문제가 된다.

예를 들면 지금 일본에서는 『경기가 좋지 않다』, 『불황이 아직도 계속되고 있다』라고 걱정하는 소리가 자주 들린다. 그 이유로 여러 가지가 거론되는데 그에 따른 대책 중에는 『정부는 이만큼의 불황대책비를 내라』라는 이야기도 나오고 있다. 그러나 데이터를 항공사진처럼 해서 살펴보면 이 대책이 틀렸다는 것을 알 수 있을 것이다. 정부가 사용할 수 있는 돈이라는 것은 일본의 경우 경기를 활성화시킬 정도로 대단한 것은 아니기 때문이다.

데이터가 말하는 의외의 사실

우선 〈도표 3-1〉을 보기 바란다. 이것은 1992년 현재 세계 각국의 소비에서 정부와 민간이 차지하는 비율을 표시한 것이다. 이것을 보면 바로 알 수 있듯이 일본에서 정부가 사용하고 있는 돈은 일본 경제 전체에서 불과 9%일 뿐이다. 다른 나라는 대부분 20% 전후인 데 비해서 매우 적은 편이다. 그래서 일본 정부가 불과 9%밖에 점하고 있지 않은 예산을 조금쯤 늘린다고 해도 일본 소비활동에 미치는 영향은 극히 적다. 정부가 아무리 분발해서 소비한다 해도 일본의 경기가 좋아질 리가 없다.

최근 정부는 불황대책으로 14조 엔의 돈을 지출하는 공공투자를 하겠다고 발표했다. 그렇지만 일본 빠찡꼬업계의 시장만 17조 엔이다. 결국 정부가 불황대책으로 내놓는 돈보다도 빠찡꼬업계의 시장이 훨씬 크다.

정부는 전체적인 틀만 짜면 충분하다고 생각한다. 정부가 가지고 있는 돈이라고 하는 것은 액수가 뻔한 것이다. 치사하게 정부의 호주머니를 노리는 것은 현명한 태도가 아니다.

현재 일본의 GDP(국내총생산) 중에서 정부의 돈이 점하는 비율은 9%, 민간설비투자는 15%, 주택관련이 7.4%이다. 그러면 가장 큰 소비는 무엇인가? 바로 개인이다. 개

〈도표 3-1〉 최종소비(1992년)

	민간(%)	정부(%)
일 본	56.5	9.4
미 국	68.7	16.2
영 국	64.5	21.7
독 일	53.8	18.0
프 랑 스	60.6	18.4
이탈리아	64.0	17.8

자료 : 『Japan 1995』(경제홍보센터)

인소비가 57％이다. 이같은 소비전체의 모습을 보면 현재의
불황이 왜 왔는가 알 수 있을 것이다. 이 전체의 반수 이상
을 점하는 개인소비가 식은 것이 불황의 최대 원인이다.

손님 호주머니에 들어 있는 700만 엔

그러면 개인은 돈을 가지고 있지 않아서 소비하지 않는 것일까? 아니, 그렇지 않다. 개인의 저축액은 총 1,000조 엔 정도이다. 물론 이 경우 1세대당 얼마만큼의 저축을 가지고 있는가를 살펴보는 것도 필요하다.

일본의 1세대당 평균 저축액은 1,592만 엔이다. 그렇지만 최근에는 1세대당의 저축액을 살펴볼 때 이「평균치」는 그다지 사용되지 않는다. 평균치를 사용할 경우 큰 부자가 있으면 그쪽으로 끌려서 수치가 진짜 평균보다도 올라가 버리기 때문이다.

그래서 최근에는 평균적 가정이 가지고 있는 저축액을 알고 싶을 때는「중앙치」라는 것을 사용한다. 그것은 갑부부터 가난한 사람까지를 순번으로 죽 나열해서 한가운데의 사람이 얼마나 가지고 있는가를 나타낸 숫자이다. 일본의 경우 중앙치는 744만 엔이 된다. 즉, 일본의 평균적 가정이 700~800만 엔 정도 저축하고 있다는 것이므로 그것은 대단한 액수이다. 이 막대한 저축액이 금융기관으로 모이기만 하고 시장에 나오지 않은 것이 최근의 불황을 낳은 것이다.

이 점이 오일쇼크 때의 불황과 이번 불황의 다른 점이다. 오일쇼크 때는 석유 가격이 느닷없이 3배에서 4배로 뛰어올랐다. 그 때문에 임금도 1974년 임금투쟁에서 33%나 올랐다. 석유값이 폭등하면 인플레가 온다는 예상이 있었기 때문이다.

인플레라는 것은 자신이 가지고 있는 돈의 가치가 떨어지는 것이다. 그러면 지금까지 모아왔던 저축액도 실질적으로 줄어들게 되기 때문에 물건을 사지 않는 게 아니라, 살 수 없게 된다.

인플레로 인해 화폐가치가 떨어져서 일어난 불황, 이것이 오일쇼크후의 불황이었다. 그렇지만 현재 일본에서 인플레라는 것은 거의 없다. 안정된 물가를 유지하고 있다. 더구나 아까 살펴본 것처럼 저축도 충분히 하고 있다. 그런데 왜 개인소비가 나오지 않게 되었는가. 이것이 최대의 문제이다.

이유는 간단하다. 아침부터 저녁까지 텔레비전이나 신문, 그밖에서 『불황, 불황』이라고 떠들기 때문이다. 친척 중에 어느 백화점의 전무가 있다. 그에게 1994년 연말 분위기를 물은 적이 있다.

『어떠했나?』라고 물었더니 『아주 어려웠다』고 했다. 도쿄 백화점의 경우, 1994년 연말에는 전년보다 5% 정도 손님이 증가했지만 단가가 떨어졌다고 한다. 단가라고 하는 것은 1인당 얼마를 샀는가 하는 금액이다. 예를 들면 작년에 5,000엔짜리 연말선물을 샀던 손님이 금년은 4,000엔 밖에 사지 않은 것이다.

그래서 그 이유를 손님에게 물어보면 답은 모두 한결같았
다. 『불경기이기 때문에』라고 말하는 것이다.

사는 쪽은 그 한마디로 끝나지만 백화점측에서 보면 매상
이 20% 떨어진 것이기 때문에 큰일이다. 「불황이란 소리에
겁먹은 손님들의 구매유보」——이것이 이번 불황의 최대
원인이다.

사일런트 피아노로 본 매력있는 상품이란?

　그러나 저축액의 중앙치 744만 엔이 나타내는 것처럼 손님들은 돈을 가지고 있다. 이 점이 저축액이 줄어들어 돈을 쓰고 싶어도 쓰지 못했던 오일쇼크 때와 다른 점이다. 그래서 이 744만 엔이라는 저축액을 쓸 수 있도록 하는 방법을 생각한다면 물건은 팔리게 된다.

　실제로 매력있는 상품이 나오면 이 불황 속에서도 수요를 따라가지 못할 정도로 팔린다. 연말선물로 지출하는 비용은 떨어졌어도 원하는 물건에 대해서는 확실히 돈을 쓰는 것이다. 몇 개의 예를 소개한다.

　요즘 이상한 피아노가 팔리고 있다. 「사일런트 피아노」라고 하는 야마하(ヤマハ)가 내놓은 상품이다. 본래 피아노라는 것은 음을 내는 것이 목적인데 이 피아노는 소리가

나지 않는데도 선풍적인 인기를 모으고 있다.

그래서 알았다. 피아노 연습이라는 것은 소리를 즐기기 위해 하는 것이 아니었다. 일종의 손과 발의「체조」인 것이다. 손과 발을 어떻게 잘 사용할까 그 기술을 습득하기 위해 열심히 피아노를 치는 것이다. 따라서 오히려 소리가 나면 주위가 시끄럽다. 그래서 그 소리를 듣고 싶지 않았던 사람들이 이 피아노가 나오자마자 샀던 것이다. 야마하 공장에서는 아무리 열심히 잔업을 해서 만들어도 수요를 따라갈 수가 없다고 한다. 특히 놀랄 만한 점은 피아노의 본고장인 유럽에서도 이 피아노가 팔리고 있다는 것이다.

유럽은 원래 피아노의 본고장이지만 일본과 마찬가지로 이웃사람들은 피아노 연습을 싫어했던 모양이다. 그래서 지난번 나는 야마하 회장과 만났을 때 이렇게 당부했다. 『다음 베스트셀러는 꼭 나와야 합니다.』『뭔데요?』『소리가 나지 않는 바이올린이지요. 그것만으로도 사람들을 돕는거니까요.』

　바이올린에 서투른 사람이 바이올린을 켜면 그 소리를 가만히 앉아 듣기가 매우 힘들다. 머리 속이 이상해지는 것 같다. 이런 이야기를 나눈 후 야마하는 다음에 소리가 나지 않는 트럼펫을 내놓았다. 트럼펫 연습 역시 소음공해 주범의 하나이다.

　또 하나 야마하에서 내놓은 재미있는 제품 가운데 잘 팔리고 있는 것이 있다. 바로 뒷바퀴에 모터를 부착한 자전거이다.

　평상시 평탄한 길을 달릴 때에는 모터가 회전하지 않지만 언덕길을 오르기 시작해서 페달 밟기가 힘들어지면 곧바로 모터가 돌아 뒷바퀴를 회전시켜 준다. 이 제품이 지금 상당한 기세로 팔리고 있다. 가격은 13만 엔이나 한다. 이것은 50cc의 소형 오토바이와 거의 비슷하다. 왜 팔리는 것일까? 아마도 다음과 같은 이유에서인 듯하다.

최근에 지어진 아파트 단지나 주택들은 산을 깎아 만든 경우가 많기 때문에 비탈길이 많다. 게다가 단지 내의 슈퍼마켓은 골짜기 밑에 있다. 따라서 쇼핑하러 가는 주부는 큰일이다. 슈퍼에 가서 저녁 찬거리를 많이 사가지고 돌아올 때는 무거운 짐을 자전거에 싣고 언덕길을 올라가는 일이 보통 일이 아니기 때문이다. 그러나 이 모터가 부착된 자전거를 타면 언덕길에 오르자마자 뒤에서 밀어 올려준다. 그것은 정말로 쾌적하다.

오토바이와 달라서 면허도 필요없고 기름값도 들지 않는다. 그런 이유에서 단지 모터가 달렸을 뿐인 이 자전거가 보통 자전거의 몇 배인 13만 엔에 팔리고 있다. 아무리 세간에서 불황이라고 해도 사고 싶은 상품에는 아낌없이 돈을 지불하는 것이다.

왜 와이드TV가 베스트셀러 상품이 되었는가

　최근 또 하나의 베스트셀러는 와이드TV이다. 이것도 생각해 보면 실로 이상한 상품이다. 가로가 긴 TV는 원래 하이비전에서 비롯되었다. 그렇지만 하이비전TV는 가격이 너무 비싸서 팔리지 않았다. 그러나 이미 각 제조회사들은 하이비전용 브라운관의 금형을 전부 대량으로 만들었다. 그래서 그것을 어떻게든지 처리하고 싶었다. 그래서 가로가 긴 모양의 텔레비전 틀에 일반 텔레비전을 넣은 제품을 많은 염려 속에 출시하였다. 그런데 그것이 마구 팔리기 시작했다.

　TV방송국도 가로가 긴 TV의 사이즈에 맞는 화상을 내놓기 시작했다. 원래 영화라고 하는 것은 가로가 길게 만들어지기 때문에 이 새롭게 선보인 TV와 잘 맞아서 좋다. 그래서 지금 TV업계에서는 영화를 기로가 긴 화면 그대로 방영하는 것이 전반적인 추세가 되어가고 있는 중이다.

전에 일이 있어 싱가포르에 갔을 때 재미있는 점을 발견했다. 싱가포르에서 팔리고 있는 TV는 정말 가로가 길다. 그런데 싱가포르는 하이비전과는 관계가 없다. 게다가 TV 방송국에서 가로가 긴 영상을 방송하는 것도 아니다. 그런데 왜 이런 TV를 판매하는 것일까? 대답은 간단했다. 『화교가 신분의 상징으로 산다』고 하는 것이다.

홍콩인들은 재빠르다. 와이드TV가 화교들 사이에서 신분의 상징이 되었다는 것을 알면 금새 그 텔레비전에 맞는 가로가 긴 영상의 비디오테이프를 만들어낸다. TV보다 재미있어서 척척 팔려나간다. 그래서 점점 더 와이드TV가 잘 팔리는 것이다.

동남아시아 국가들은 방송국을 국가가 관리하고 있는 경우가 많기 때문에 일본처럼 와이드TV 보급에 맞춰서 가로

가 더 긴 영상을 방송하지 않는다. 그러나 그런 것이 없어
도 시청자는 조금도 상관하지 않는다. 비디오라는 문명의
이기를 사용하면 되기 때문이다. 동남아시아에는 화교들이
많기 때문에 와이드TV에 적합한 비디오테이프가 홍콩에서
자꾸자꾸 공급되고 있다.

　와이드TV의「친부모」라고도 할 수 있는 하이비전이 개발
될 당시 일본에서는 하이비전 논쟁이 일어났다. 하이비전은
NHK가 처음 착수해서 개발했는데, 미국과 유럽에서 디지
털쪽으로 방향을 바꾸어 나가버렸다. 그래서『하이비전은
아미 시대에 뒤떨어졌다. 하이비전TV의 상품가치는 없다』
라는 의견이 지배적이었다.

　그러나 실제로 하이비전TV를 산 손님 대부분은 하이비전
화상에 매료되어서가 아니다.「화면이 옆으로 길다」라는 것
에 매력을 느껴 산 것이다. 그 결과 원래 하이비전에서 시
작되었지만 화상은 하이비전과 관계없이 종래대로인 상당히

기묘한 TV가 태어났다.

그런데 최근 와이드TV 탄생지인 일본을 뛰어넘어 유럽에서 놀랄 만한 일이 일어났다. 그것은 이 와이드TV 사이즈에 맞춘 와이드TV용 전파를 유럽 텔레비전의 표준으로 정하려는 움직임이다.

원래 텔레비전의 화면이 3 : 4라는 것은 TV방영 개시때부터 정해져 있었다. 이 3 : 4라는 비율을 누가 정했는가는 알수 없지만 당시로서는 그것이 적당한 것으로 여겨졌다. 그런데 인간의 눈에는 옆이 긴 것이 잘 맞는 듯하다.

확실히 와이드TV를 보면 박력이 있다. 그리하여 「표주박에서 망아지」가 나오는 식으로 엉뚱하게도 일이 뜻하지 않은 방향으로 진행되어갔다. 어느 사이엔가 하이비전 논쟁은 뒷전으로 돌려지게 되고 TV화상은 가로가 긴 와이드TV쪽으로 발전해 갔다. 게다가 유럽은 동작이 빠르다. 금세 가로가 긴 화상을 유럽 표준으로 내놓으려고 하게 되었다.

그런데 동남아시아나 유럽에서 와이드TV가 그만큼 주류
가 되기 시작했음에도 불구하고 미국은 왠지 이러한 움직임
에 아무런 반응도 보이지 않고 있다. 또 가로가 긴 영상의
프로그램은 하나도 TV로 방영되지 않는다. 영화의 메카라
할 수 있는 나라에서 영화에 맞는 이러한 영상이 없다는 것
도 재미있는 현상이다.

원래 텔레비전이라고 하는 것은 인간이 눈으로 보면서 즐
기기 위한 것이다. 그때 어떤 사이즈의 영상으로 즐기는 것
이 가장 좋은가 하는 것이 와이드TV로 실증되었다. 영화가
가로가 긴 것도 이것이 인간의 눈에 맞는다는 증거의 하나
라고 말할 수 있다.

영화 전문가들이 이것을 가장 먼저 관찰하고 영화를 가로
로 길게 만들었다. TV업계에서도 점차 그러한 점에 생각이
미쳐 와이드TV가 대히트를 거두었다. 그리고 바야흐로 이
와이드TV는 TV의 주류가 되어가고 있다.

더이상 성장이 없을 것 같던 TV업계에도 새로운 물결이 찾아왔다. 놀랄 만한 점은 이것이 불황이라고 말하는 지금 일어나고 있다는 것이다. 여기서도 일본의 소비자들이 아직도 잠재적으로 상품 구매력을 가지고 있다는 것을 알 수 있다. 와이드TV는 자꾸자꾸 보급되고 있다. 와이드TV의 대히트는 소비자가 원하는 제품만 만들면 팔린다고 하는 사실을 증명하는 것이라고 말할 수 있을 것이다.

불경기의 「기」에 좌우되지 않는 판매방법

불황의 원인은 개인이 돈을 쓰지 않기 때문이라고 이야기 했다. 그렇다면 왜 저축해 놓은 것이 있는데 돈을 쓰려고 하지 않는 것일까? 그 이유도 숫자를 정확하게 읽고 일본의 경제 전체를 바라보면 알 수 있다.

현재의 불황에 대해서는 여러 가지 이유를 말하지만 나는 여기서 분명하게 지적하고 싶다. 그것은 아침부터 밤까지 『불경기다, 불경기다』라고 말하면 누구라도 지갑끈을 굳게 졸라매버리는 것이다. 「불경기(不景氣)」라는 말은 끝에 「기(氣)」라는 단어가 붙는다. 이것이 중요하다. 소비자 행동이라고 하는 것은 기분에 의해 상당히 좌우된다.

이것을 증명하는 사건이 바로 최근에도 있었다. 1995년 1월에 한신(阪神) 대지진이 일어나자, 일반 소비가 갑자기

뚝 떨어졌다. 한신 대지진과 쇼핑을 자제한다고 하는 것은 아무런 인과관계도 없는 것 같다. 게다가 그것이 고베(神戸)에서라면 이해할 수 있지만 일본 전체에서 물건이 팔리지 않게 된 것이었다.

1995년의 불황을 더욱 부채질한 사건이 한신 대지진과 그리고 옴 진리교 사건이라는 것이 곧 정설이 되었다. 그것은 경기라는 것이 공기(분위기)로 좌우된다는 것을 보여주는 예라고 생각한다.

이야기를 처음으로 돌리자. 지금까지의 이야기에서 나는 전체적으로 시장을 파악하는 데 중요한 지적을 했다. 그것은 「숫자를 먼저 읽으라」 하는 것이다. 데이터라고 하는 「항공사진」을 상세히 본다. 그러면 세상이 어떠한 방향으로 움직이고 있는지를 알 수 있다.

이것을 염두에 두고 살펴보면 지금 세상에 알려진 것과는 상당히 다른 결론이 나오기도 한다. 경제 동향을 파악하고 물건을 팔기 위해서는 「기」에 좌우되지 않고 자신의 눈으로 견실하게 「비즈니스 항공사진」을 읽을 필요가 있다.

예를 들면 최근 동남아시아의 경제가 급속하게 성장하고 있다. 그 때문에 「일본은 뒤처지는 것 아닌가」와 같이 우리들의 불안감을 부채질하는 기사가 때때로 나오기도 한다. 그런데 이것도 지금 이야기한 「비즈니스 항공사진」을 보는 요령으로 일본 경제를 바라보면 일본 경제가 결코 쉽게 포기하고 뒤처지는 것은 아니라는 것을 알 수 있다.

우선 GDP이다. 1996년 일본의 GDP는 455조 엔으로, 세계의 17%를 점하고 있다. 이것은 대단한 숫자다.

바로 최근까지 일본 경제는 15%, 즉 세계 쉐어의 15%를 차지하고 있었다. 그후 거품경제가 사그라들면서 불황이 되었다고 하면서 17.6%까지 간 것을 먼저 인식해 둘 필요가 있다.

이 17%라는 숫자는 영국, 독일, 프랑스 3개 국을 전부

합친 숫자보다도 크다. 이 3개 국이라고 하면 유럽에서도 강력한 경제대국이다. 이 세 나라를 합쳐도 일본에 미치지 못한다는 것을 대부분의 경제 전문가들은 지적하지 않는다. 이것이 이상하다.

이 세 나라를 조사해 보면 인구는 합쳐서 1억 9,000만 명이다. 일본은 1억 2,400만 명이다. 1억 2,400만 명의 사람들이 만든 경제규모쪽이 1억 9,000만 명이 만든 경제보다 크다. 세간에는 거의 알려져 있지 않지만 중요한 이러한 사실도 「비즈니스 항공사진」을 차분히 살펴보면 저절로 알 수 있다.

비즈니스 항공사진이 말하는 진실

최근 중국 경제가 급속하게 신장하고 있어서 여러 가지 화제가 되고 있다. 그러면 실제로 중국의 경제규모가 어느 정도인가? 여러분들은 알고 있는지?

GDP로 57조 엔. 이것은 엄청난 숫자는 아니다. 이 57조 엔의 나라가 원자폭탄을 만들고 있다. 그래서 중국 정부의 국가예산을 조사해 보면 약 8조 엔이다. 이 숫자는 도쿄의 도청 예산과 거의 같다. 결국 도청 예산이 있으면 원자폭탄을 만들 수 있는 것이다. 이같이 생각해 보면 일본의 GDP 455조 엔이라는 숫자의 무게를 잘 알 수 있을 것이다.

특히 조금 더 자세히 「비즈니스 항공사진」을 살펴보면 재미있는 것을 발견할 수 있다. 최근 아시아 경제가 상당히 좋아졌다고 한다. 아시아 챔피언의 하나는 싱가포르이다.

싱가포르 1인당 GDP를 조사해 보면 1993년에 1만 9,000달러로, 영국의 1만 7,000달러를 앞지르고 있는 것이다. 원래 싱가포르는 영국 식민지였다. 하지만 바야흐로 싱가포르 경제가 영국보다도 앞서고 있다.

여기서 몇 나라를 예로 해서 숫자를 들어보았지만 이같은 방식으로 각 나라의 숫자 또는 경제활동을 보면 세간에서 말하는 것과는 또다른 세계를 엿볼 수 있다. 이것이 「비즈니스 항공사진」을 읽는 재미이다.

이번에는 다른 이야기를 하자. 현재 일본은 상당한 무역흑자를 기록하고 있는데, 이것을 마치 나쁜 일을 한 것처럼 크게 다루는 사람이 있다. 여기서 문제는 이 무역흑자가 도대체 어디서부터 생겨났는가 하는 것이다. 이때 조건반사적으로 「이것은 자농차 수출이다」라고 생각을 히면 그것은 오판이다.

다음 〈도표 3-2〉를 보기 바란다. 일본의 자동차 관련 수

출이라는 것은 급속하게 감소하고 있으며 전체수출을 살펴

보더라도 소수파라 해도 좋은 형편이다. 불과 14% 정도가

되어버렸다. 그러므로 일본의 무역흑자 원인을 자동차라고

말하는 것은 본질적으로 틀린 것이다.

그러면 무엇이 일본의 무역흑자를 낳았을까? 그것은

〈도표 3-2〉 수출총액에서 자동차 수출이 차지하는 비율

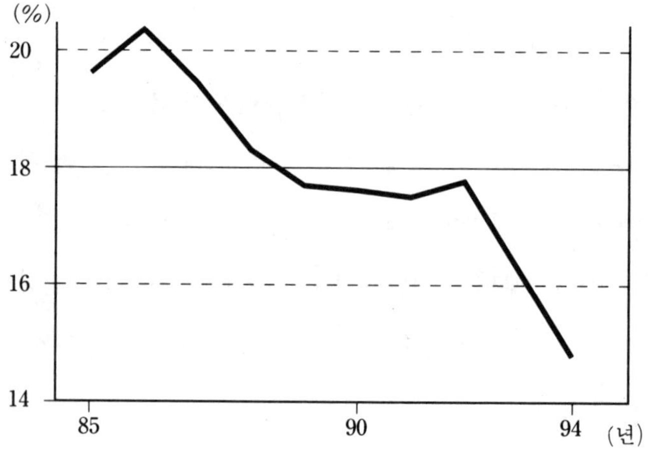

자료 : 일본관세협회통계

「자본재」이다. 그다지 듣기에 익숙치 않는 말이라 생각했기 때문에 이 자본재에 대해서 조금 설명하려고 한다.

자동차나 가전제품같이 완성된 제품은「소비재」라고 한다. 그에 비해 물건을 만들기 위해 사용되는 부품이나 재료나 생산설비 등은「자본재」라고 부른다. 다음 페이지의 〈도표 3-3〉을 보면 일본 수출의 약 70%는 자본재가 차지한다. 소비재는 수출에서는 소수파가 되는 것이다.

그런데 지금까지도 일본의 대표적인 수출품이라 하면 자동차라든지 가전제품 같은 소비재라고 생각하는 사람이 있다. 이것은 틀린 생각이다. 가전제품의 수출이라고 하는 것은 오래 전부터 겨우 50억 달러 전후로, 수출의 몇 %밖에 차지하지 않는다. 현재 일본의 대표적인 수출품은 소비재가 아닌 자본재이다.

그러면 왜 일본은 이렇게까지 자본재의 수출이 많은 것일까? 「비즈니스 항공사진」을 읽으면서 이러한 의문이 차례

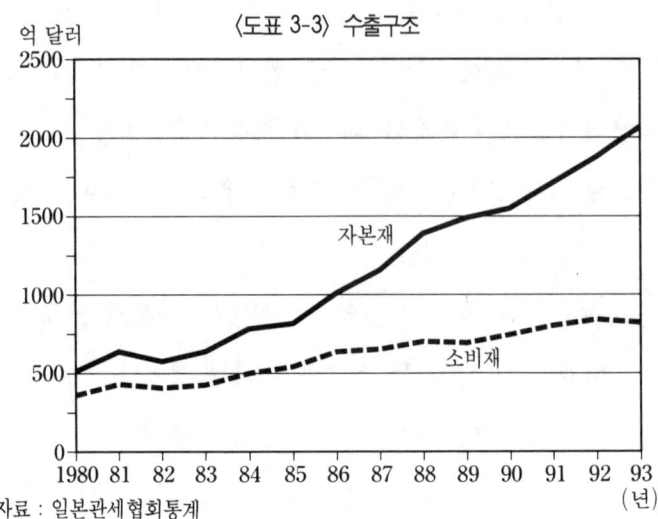

〈도표 3-3〉 수출구조

억 달러

자본재

소비재

자료 : 일본관세협회통계

(년)

차례로 생겨나는 것은 매우 중요하다. 「판매왕」을 만드는 이 책의 취지에서 조금 벗어나지만, 일본 경제를 생각하는 이상 상당히 중요한 문제이기 때문에 자본재 수출이 왜 이렇게 많은가 하는 이유를 지금부터 설명하려 한다.

일본에서 만들고 있는 제품이 세계에서도 일등품이라는

것은 잘 알려져 있다. 자동차나 가전제품에서도 일본에서 만들어진 것은 세계 일등품이다. 일등품이 만들어진다는 것은 거기에 쓰여지는 부품이나 재료, 생산설비 등이 모두 일등품라고 하는 것이다.

제품을 만들 때 대부분의 부품이 일등품이라고 하더라도 그중에 품질이 다소 떨어지는 부속이 하나라도 섞여 있으면 완성품은 반드시 질이 떨어진다. 그렇기 때문에 일본 제품이 일등품이라는 것은 자본재가 모두 일등품이라는 것이다. 이것을 전세계 기술자들은 알고 있다.

새로운 제품을 개발할 때 어떤 부품, 어떤 재료, 어떤 기계를 사용해서 어떤 식으로 만드는가를 결정하는 것은 기술자이다. 일본에 가면 어떤 것이라도 일등품이 갖추어져 있다는 것을 기술자는 알고 있다. 따라서 최고급 제품을 만들려고 생각하니 우선 일본에 물품을 사러 가는 것은 당연하다. 그래서 자본재 수출이 맹렬하게 증가하는 것이다.

사실 자본재 수출이라는 것은 상대국에 있어서도 플러스가 된다. 소비재를 수출하면 그것을 만들어서 나오는 부가가치도 일본이 거둬들인다. 그래서 약탈적 수출이라 불려져도 할 수 없는 형편이다. 그렇지만 자본재의 경우에는 상대편이 이것을 사서 새로운 상품을 만드는 것이기 때문에 여기에서 생겨난 부가가치는 자본재를 수입한 나라에게 돌아간다.

알기 쉽게 말하면 세계 여러 나라가 산유국에서 석유를 사와서 그것을 사용해 부가가치가 큰 제품을 만들어 돈을 버는 것과 같은 이치이다. 사는 측과 파는 측이 같이 잘살 수 있다. 그렇기 때문에 일본 무역흑자에 대해서 이러쿵저러쿵 말하는 사람이 있지만, 일본의 흑자 원인이 자본재에 있는 한 일본은 특별히 다른 나라에 대해 미안해할 필요는 없다.

이 일이 공교롭게도 명확하게 표면화된 것이 한신 대지진이었다. 이 대지진 때문에 가장 당황한 것은 외국회사들이었다. 예를 들어 비행기 제조사인 보잉사나 에어버스도 당황했다. 그것은 조종석의 정면에 붙어 있는 액정 패널, 이것을 고베 세이신(西神)공업단지에서 만들고 있었기 때문이다. 이 패널이 없으면 비행기는 날지 못한다. 또 지금 선진각국에서는 휴대전화 붐이 일고 있는데 이것에 사용하는 닛카도전지를 생산하는 상당히 큰 공장이 아와지(淡路)섬에 있다. 그런데 아와지섬이 진원지라는 뉴스가 나오는 바람에 세계각지에서 크게 놀랐다.

또 자동차 타이어에는 타이어코드라고 불리는 강철선이 사용된다. 이 타이어코드의 70%가 고베제철소라는 곳에서 만들어지고 있다. 그렇기 때문에 지진에 의해서 이 공장이 생산을 중단하게 되면 타이어를 만들 수 없게 되어 세계의 자동차 타이어 회사들이 매우 당황했다.

이들 비행기 조정석이나 닛카도전지, 타이어코드 등은 모

두 자본재이다. 바야흐로 일본 수출의 대부분을 소비재가
아닌 자본재가 차지하고 있는 것이다. 이러한 것도 「비즈니
스 항공사진」을 차분히 보면 읽을 수 있다.

중대한 정보는 데이터 「편성」에서 나온다

「항공사진」에서 무엇을 찾아낼 수 있는가. 이것을 파악하기 위해서는 단지 숫자를 보는 것만으로는 알 수 없다. 각각의 숫자가 어떻게 해서 나왔는지 그 원인이 되는 여러 가지 현상이나 또 사실에 대해서 깊게 파고들어서 생각해 볼 때 비로소 항공사진이 도움이 될 수 있다.

그러기 위해서는 여러 가지 정보를 종합해서 판단할 필요가 있다. 가령 하나하나의 정보는 단편적인 것이어도 그것들을 정확하게 조합함으로써 뜻밖의 중요한 정보가 나타나 보이게 되는 일도 있다. 그 하나의 예를 소개하려 한다.

구소련의 체르노빌 원자력 발진소가 폭발했을 때 정찰위성을 가지고 있는 나라는 당연히 위성으로 촬영한 사진으로 체르노빌에서 폭발이 있던 것을 알 수가 있었다. 하지만 일본의 경우는 그러한 정찰위성을 가지고 있지 않다. 그런데도 정찰위성을 가지고 있는 나라와 거의 같은 시기에 폭발을 알 수가 있었다. 어떻게?

일본 기술자가 수상한 점을 발견한 것은 미국이 쏘아올린 랜드새트(LANDSAT)라는 위성이 찍은 사진에서였다. 이 사진은 해상력(解像力)이 그다지 좋지 않다. 그래도 뭔가 체르노빌에서 이상이 일어나고 있는 것을 알았다. 그런데 그것을 확대해 보아도 해상력이 나쁘기 때문에 초점이 맞지 않고 흐려서 무슨 일이 일어났는지 구체적인 것까지는 알 수 없었다.

또 한편 프랑스가 쏘아놓은 스포트(SPOT)라는 위성이 있다. 이것은 흑백밖에 찍지 못하지만 상당히 해상력이 좋아 미세한 곳까지 볼 수 있다. 그래서 이 스포트의 흑백 사진과 랜드새트의 컬러 사진을 컴퓨터로 합성해 보았다. 그러자 체르노빌이 폭발한 것을 정확히 알 수 있었다.

이 이야기는 많은 것을 우리에게 알려주고 있다. 이같은 위성사진 데이터는 단지 단순하게 받아들여서는 깊은 의미를 알 수 없다. 그러나 그것에서 뭔가 이상한 점을 발견하면 그것에 얽힌 여러 정보를 종합하고 그것을 가공해 조합해 본다. 그렇게 해서 단일 데이터만으로는 알 수 없는 놀랄만한 사실을 얻는 것이다.

지금 일본이 안고 있는 커다란 문젯거리의 하나는 출생률의 감소이다. 현재 각 가정의 1세대당 평균 자녀수는 1.4명이라고 한다. 1.4명이라는 것은 인구가 확실하게 감소하고 있음을 보여준다. 그래서 일본에서는 노인 인구가 증가하는 데에 따른 대책에 관해 많은 논의가 이루어지고 있다.

그러나 왜 이렇게 아이를 낳지 않게 되었는가 하는 그 기본적인 문제해식은 그다지 행해지고 있지 않다. 왜 출생률이 감소하는가, 그 원인을 알아내는 것도 대책을 생각하는 것 이상으로 중요하다.

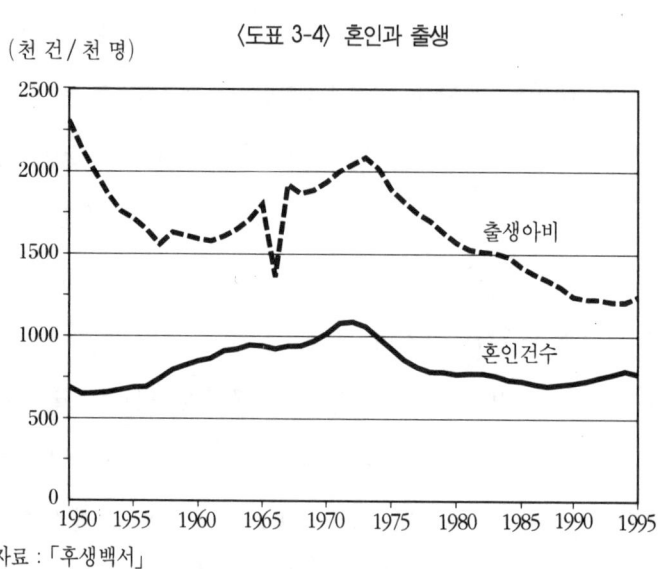

(천 건 / 천 명)   〈도표 3-4〉 혼인과 출생

출생아비

혼인건수

자료 : 「후생백서」

〈도표 3-4〉를 보기 바란다. 일본에서 출생률이 저하하기 시작한 것은 1973년 이후이다. 그전에 1년 정도 극단적으로 출생률이 낮았던 해가 있는데 바로 1966년 병오년(丙午年)이었다.

여담이지만 이 데이터를 외국인들에게 보여주면 모두 깜

짝 놀란다. 어째서 이 해만 심하게 출생률이 낮은가. 이 병오년의 일을 설명하는 것은 좀 귀찮기도 하다. 그래서 나는 언제나 이렇게 이야기한다. 『이 해에는 모든 사람들이 자제를 했습니다.』

나는 이 출생률 저하가 1973년부터 시작했다는 것에 주목하고 이것과 비슷한 변화를 보이는 데이터를 찾아보았다. 그러자 한 데이터가 나왔다. 그것은 혼인율이다. 〈도표 3-4〉에서 보는 것처럼 혼인율도 같은 1973년경부터 감소하고 있다. 두 그래프를 나란히 놓고 보면 거의 평행하고 있다. 1973년의 절정은 전후의 베이비 붐으로 태어난 세대가 성인이 되어 결혼함에 따른 제2차 베이비 붐이다.

그래서 양자의 상관계수에 대해서 계산해 보았다. 이것은 두 가지 숫자가 어떤 관계가 있는가를 계산으로 확인하는 방법이다. 계산 결과, 상관계수가 1.0이면 밀접하게 관련되어 있다는 뜻이다. 그리하여 일본의 출생률과 혼인율이라는 두 가지 숫자를 계산해서 보았더니 상관계수가 0.98이 됐다. 그래서 양자에 상관관계가 있다고 하는 것을 숫자로 증명할 수 있었다.

일본의 출생률 저하는 혼인이 감소해온 것과 관계가 있다. 역시 결혼하지 않으면 아이를 낳지 않는다. 그렇다면 출생률을 높이려면 어떻게 해야 좋을까 하는 대책도 여기서 얻을 수 있다. 바로 결혼을 장려하는 것이다. 그것도 되도록 젊은 시기에 결혼하게 하는 것이다.

이것을 국가에서도 사회에서도 크게 장려한다. 그렇지 않으면 일본의 인구는 계속 감소될 것이라고 이 두 가지의 데이터는 말하고 있다.

출생률을 높이기 위해서는 젊은 시기의 결혼을 크게 장려해야 한다는 이야기는 좀처럼 들어본 적이 없을 것이다. 그러나 이것은 데이터를 보면 확실하게 나온다. 한때 인구 감소로 고민했던 프랑스에서 결혼을 장려했더니 다시 출생률

이 높아졌다고 하는 예도 있다. 이것이 내가 말하는 「항공
사진」을 읽는다는 의미이다.

문제가 있는 곳에 장사거리가 있다

「비즈니스 항공사진」을 잘 보면 앞으로 시장이 어떻게 움직이는지 알 수 있을 뿐만 아니라, 일본 사회가 안고 있는 문제점, 앞으로 해결하지 않으면 안되는 문제점도 볼 수 있다. 문제가 있는 곳에 장사거리가 있다. 그러면 앞으로 일본이 어떠한 문제에 몰두할 필요가 있는가? 이전에 내가 제5세대 컴퓨터 개발이라는 통산성의 대형 프로젝트에 참가했을 때 10년 후의 일본이 해결해야 할 과제를 예측한 적이 있다. 십수년 전에 시작한 프로젝트이지만 지금까지도 충분히 통용될 내용이기에 여기서 그것들을 간단하게 소개하겠다.

일본이 앞으로 해결해야 할 과제로는

* 저생산성 분야의 개선

- 국제화 시대, 글로벌화에 따른 지구촌으로의 편성
- 자원, 에너지, 폐기물과 같은 환경문제
- 고령화와 고학력 시대에의 대응
- 고도선택사회와 개인의 문제

라고 하는 다섯 항목을 들 수 있다. 이것들을 구체적으로 살펴보자.

세계에서 가장 높다는 인건비를 고려해 볼 때 일본이 다른 나라와 가격면에서 경쟁하려면 우선 저생산성 분야의 개선이 필요하게 된다. 지금 「가격파괴」라는 말이 유행하고 있는데, 이들 대부분은 생산성 향상에 의해 가능하다. 가전제품 분야에서는 과거 10년간 가격하락이 계속되고 있다. 그러면서도 종업원의 임금은 다른 업종과 비슷한 수준이거나 또 그 이상 지급하고 있다. 그것이 가능한 것은 생산성, 즉 1인당 생산이 증가해 왔기 때문이다.

오해가 없도록 다시 말해두지만 「생산성 향상」이란 노동자에게 장시간 노동을 강요하는 것이 아니다. 한 사람의 노동자가 지금까지 2시간 걸려서 했던 일을 1시간으로도 가능하게 효율성을 높인다. 이렇게 될 때 「생산성이 향상됐다」라고 말한다. 결국 생산성 향상에 의해서 인간성 존중이 실현되는 것이다.

이 생산성 향상에는 4가지 원리가 있다. 그것은 「기계화」, 「능력개발」, 「관리기술」, 「관리혁신」이다. 이 4가지 관점에서 일본의 저생산성 분야를 조사해 가면 일본의 미개분야가 얼마나 남아있는지 알 수 있다. 이것들을 해결해야물가를 쑥쑥 내리는 것이 가능하게 되는 것이다.

「저생산성 분야」는 비즈니스 찬스의 보고

물론 생산성을 향상시키기 위한 시도는 지금까지도 행해지고 있다. 예를 들어 일본 자동차업계는 엔화가 10년 사이에 2배 이상 오르는데도 불구하고 미국차와 계속 가격 경쟁을 할 수 있다. 이것은 사실상, 일본차를 만드는 비용이 절반 수준이 된 것과 같은 것이다. 생산성 향상에 의해서 여기까지 해온 것이다.

이러한 성공의 예가 있기 때문에 다른 분야에서도 생산성을 높일 수 없다는 이유는 들 수 없다. 특히 생산성이 낮은 산업은 앞으로 아직도 개척이 가능한, 말하자면 일본의 「여유 자산」이다. 서투른 하이테크 벤처 비즈니스를 생각하기보다는 이러한 저생산성 산업에서 수요를 발견하는 것이 판매면에서도 성공할 가능성이 높다.

예를 들어 농업이나 수산업도 제조업에서 배양한 기술을 살리면 생산성을 계속 높일 수 있다. 제조업과 마찬가지로 계획적으로 생산성을 높일 수 있게 되면 무리하게 복잡한 도시에 살 필요도 없게 된다. 특히 멀티미디어의 발달로 지방에 있으면서 도시와 다름없이 정보를 얻을 수 있는 날도 멀지 않다. 그러면 공기가 맑고 경치도 아름다운 곳에서 자유롭게 사는 것도 가능하게 된다. 실제로 규슈(九州)에서는 이것을 예상해서 마쓰시다 세이케이쥬쿠(松下政経塾)의 졸업생이 새우양식장을 만들어 성공하고 있다.

유통업계에 있어서도 POS(Point of Sales) 시스템에 의한 판매관리방식이나 주문이 들어온 후에 상품을 만듦으로써 재고품을 줄여가는 통신판매방식 등을 이용해 비용 절감에 성공하고 있다. 생산수량 계획에서 수송, 재고관리, 판매라는 일련의 작업을 효율적으로 줄여나갈 수 있다면 비용은 계속 절감될 수 있다. 여기에서도 장사거리가 많이 눈에

띈다.

또 일본의 국립병원은 어디에 가도 적자인 경우가 많다. 그러나 그 중에서 흑자를 기록하는 병원이 있다. 예를 들면 미토(水戶) 병원인데, 이 병원은 생산성과 같은 의미의 「가동률」이라는 개념을 도입했다. 의사, 간호사, 의료기기 는 물론, 대합실에서 복도까지 모든 데이터를 만들어 거기 에서 처리되는 일의 흐름과 그에 따른 부가가치 등을 모두 조사했다.

그 성과를 이용해 이 병원에서는 수술실의 가동률이 마취 의사의 수에 의해서 좌우되는 것에 주목하고 그 가동률을 80% 가까이까지 높이는 데에 성공했다. 80%라는 것은 미 국 같은 곳에서는 일반적이지만, 일본에서는 가동률이 낮 은 경우에는 20% 성노인 경우조차 있기 때문에 대단한 수 치이다.

또 환자의 대기시간을 줄이기 위한 포켓벨 등을 도입했

다. 이런 것들이 쌓임에 따라 이 병원은 국립병원 중에서는 드물 정도의 흑자를 내는 데 성공했다.

　이런 식으로 해보면 생산성 향상을 고려해 볼 수 있는 분야는 무수히 많은 셈이다. 특히 저생산성 분야는 비즈니스 찬스의 보고이다. 이 분야의 「비즈니스 항공사진」을 모아 차분히 바라보면 반드시 장사거리를 발견할 수 있다.

「국제화」, 「고령화」, 「환경문제」의
3개 항공사진을 모아라

「생산성 향상」 이외에 일본이 앞으로 넘어야 할 문제점을 보면 「국제화」의 문제가 있다. 일본의 GDP가 세계의 17%를 넘었다고 하는 것은 일본의 기업활동은 물론, 개인에 있어서도 어떤 식으로든 세계와 연결되어 있다는 것을 의미한다.

그 중에서 일본기업 및 일본인이 어떻게 국제사회에서 행동하는가에 대해서는 실로 많은 문제점이 예상된다. 그러나, 일본인들이 미경험(未經驗)의 사태에 대응하기 위한 전략이란 아직 국가적으로나 기업적으로나 전무한 상태이다. 그렇기 때문에 거기에도 무수한 비즈니스 찬스가 기다리고 있는 것이다.

또 일본은 이제부터 인류 최초로 급격한 고령화 사회와 고학력 사회를 맞이하게 되었다. 모든 사람이 고도의 교육을 받은 사회가 되면 가치관이나 행동원리가 어떻게 될 것인가 아직 완전히 알 수 없는 상태이다. 게다가 정보 네트워크 사회의 도래가 사람들의 접촉을 용이하게 한다. 이러한 미지의 사회 속에서도 비즈니스의 씨앗을 발견할 수 있다.

특히 앞으로 21세기를 맞이하여 자원이나 에너지 등의 문제도 중요해진다. 일본은 현재 에너지 자원의 고갈을 막기 위한 노력면에서 세계 제일이고 폐기물에 대해서도 최선의 대응을 하고 있다. 이것들에 대한 사회의 관심은 높다. 환경문제는 일본 한 나라만으로 처리할 수 없는 큰 문제이지만, 소비자 한사람 한사람이 생각하지 않으면 안되는 문제인 것은 틀림없다. 도시에서 나오는 쓰레기 소각과 그 열을 발전용으로 사용한다는 계획은 이미 일본에서 실현되고 있다. 폐기물이 뉴비즈니스를 만든 것이다.

　그리고 마지막 항목으로 든 것은 고도선택사회와 개인의 문제이다. 현대는 개인의 가치관이나 기호가 다양해지고 있다. 이것이 앞으로 어떠한 방향으로 진행될지 예측하기란 상당히 어렵다. 그러나 개별화와 동시에 현실적으로는 여전히 패션에는 유행이 있고 ○○붐이라는 것이 있다. 시대의 트랜드를 읽을 수 있으면 거기서 장사거리를 얻을 수 있다는 것 역시 변함이 없다.

　이상 들었던 항목 모두 장사거리를 발견하기 쉬운 분야라고 말할 수 있다. 우선은 이것들의 「비즈니스 항공사진」을 모아서 차분히 본다면 비즈니스 찬스를 반드시 찾아낼 수 있다.

소비경향 속에서 히트상품을 찾는다

개인소비 데이터에서 손님의 「얼굴」을 파악한다

앞에서 GDP나 출생률이라는 숫자를 기초로 현재 일본경제나 사회의 동향이 어떤 상태인가, 더 나아가 일본은 앞으로 어떤 과제를 해결하고 미래를 준비해야 하는가를 살펴보았다. 그러나 이러한 「비즈니스 항공사진」은 큰 흐름을 파악하기에는 좋지만, 어느 집에 구체적으로 어떤 사람이 살고 있는가 하는 세부적인 사항까지는 알 수 없다. 그것을 알려면 집 안에 들어가 볼 필요가 있다. 물건을 사기 위해서는 사회 전체상을 보는 것과 동시에 당연히 이러한 개개인의 구체적인 생활을 알 필요도 있다. 말하자면 소비자 한 사람 한사람의 「얼굴」을 보는 것이다.

그러면 이번에는 현재 일본에 불어닥친 불황의 원인이 된 개인소비자들이 앞으로는 어떻게 변해갈 것인가에 대해 데이터를 사용해서 분석해 보자.

일본 개인소비에 대해 상세하게 파악하는 데 상당히 도움이 되는 통계 자료가 있다. 바로 가계조사이다. 총무청(総務庁)이 전국에서 3,000가구를 샘플로 뽑아서 매월 어떤 물품을 사고 있는가, 생활비는 어떻게 지출하고 있는가를 상세하게 조사한 데이터이다.

이것은 세계에서도 드물 정도로 상당히 자세하게 만들어진 데이터이다. 예를 들어 일본 근로자 가구에서 매월 양파를 어느 정도 사는가까지 전부 나와 있다. 이 데이터를 보면 재미있는 일들을 여러 가지 알 수 있다.

예를 들면 일본술을 한 가구당 가장 많이 소비하는 현은 대체 어디일까? 바로 아키타(秋田)현이다. 또 일본에서 한달동안 청량음료를 가장 많이 마시는 현은 어디일까? 정답은 오키나와(沖縄)현이다. 모두 그 이유를 짐작할 수 있을 것이다.

아키타현은 술이 맛있는 곳이다. 오키나와는 1년 내내 기온이 높아 목이 마르기 때문에 청량음료수가 마시고 싶어지는 곳이다. 그러면 기모노를 가장 많이 사는 현은 어디일까? 이같이 퀴즈에나 나올 듯한 내용이 총무청이 행한 가계조사에 모두 실려 있다.

그래서 이 가계조사를 읽는 법에 대해서 지금부터 구체적 데이터를 예로 들어가면서 설명하고자 한다.

달라지고 있는 소비경향을 추적하라

가계조사는 옛날부터 의, 식, 주, 에너지라는 4대 항목으로 나눠져 이루어졌다. 그리고 이 4대 항목 이외의 나머지를 「잡비(雜費)」라고 통칭하였다. 이것이 가계조사를 보는 데 기본이 되는 5가지 항목이다.

옛날에는 엥겔계수라는 말이 있어서 사람들 각각의 생활비에서 차지하는 식비의 비율을 표시한 숫자가 사용되어 왔다. 이것이 낮을수록 풍요로운 생활을 의미한다. 종전 직후 일본에서는 엥겔계수가 40% 가까왔다. 그렇지만 현재 엥겔계수는 20% 전후이다. 상당히 풍요로워진 셈이다.

죄근 소사 결과의 특징은 다음 페이지외 〈도표 4-1〉을 보면 알 수 있듯이 의, 식, 주, 에너지의 비율이 전체의 절반 이하가 되고 그 대신 잡비가 54%에까지 이르고 있다.

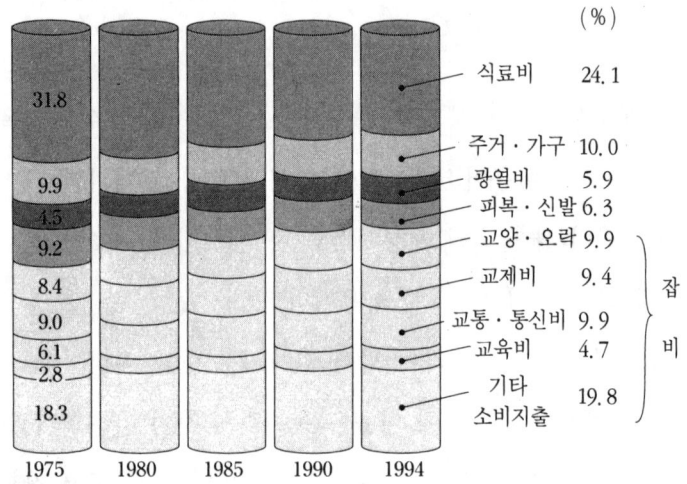

〈도표 4-1〉 개인소비의 변화

(%)

식료비 24. 1

주거·가구 10. 0
광열비 5. 9
피복·신발 6. 3
교양·오락 9. 9
교제비 9. 4 } 잡
교통·통신비 9. 9
교육비 4. 7 } 비
기타
소비지출 19. 8

31.8
9.9
4.5
9.2
8.4
9.0
6.1
2.8
18.3

1975 1980 1985 1990 1994

출처 : 총무청 자료

이렇게 되면 가계조사를 함에 있어 이 잡비의 내역이 중요
한 요소가 된다.

이 내역의 숫자를 보면 라이프 스타일의 변화를 볼 수 있
다. 잡비에서 가장 큰 부분을 차지하는 것은 기타 소비지

출, 즉 정확한 용도없이 쓴 돈이다. 전체의 약 20% 정도를 차지하고 있다. 그 다음이 교양·오락비, 교통·통신비 9.9%, 다음이 교제비 9.4% 순이다. 현재 일본의 자동차 산업은 세계 최고 수준이라고 말하지만 그 자동차에 사용되는 자동차 관련비라는 것은 교통·통신비에 포함되어 있고 전체의 불과 5.7%에 지나지 않는다. 결국 일본의 일반대중은 자동차를 사는 것 이상의 돈을 교양·오락비나 교제비로 사용하고 있는 것이다.

또 멀티미디어라고 하는 말이 여기저기에서 들려오고 있는 현재, 앞으로는 정보에 대한 지출이 증가한다고 예측할 수 있지만 현재의 경우는 불과 2.5%에 지나지 않는다.

그런데 이 지출이 과거 20년간 어떻게 변해 왔는가를 나타낸 〈도표 4-2〉가 있다. 이 20년 동안 일본인 일반가정의 가계지출은 절대치로 거의 2배로 증가했다. 이 도표를 보면 식비 외의 퍼센트가 떨어지고 있지만, 그것은 비율이 감소한 것뿐으로 지출금액은 신장했다.

그 중에서 무서운 기세로 증가하는 비용이 하나 있다. 바로 레저나 여가관련 비용이다. 이 도표를 보는 것만으로 알아차린 독자가 있을지도 모른다. 요즘 일본의 자동차 산업은 매출이 신장되지 않아 몹시 고생하고 있다. 그렇지만 그 와중에서도 최근에는 RV차(Recreational Vehicle), 다시 말

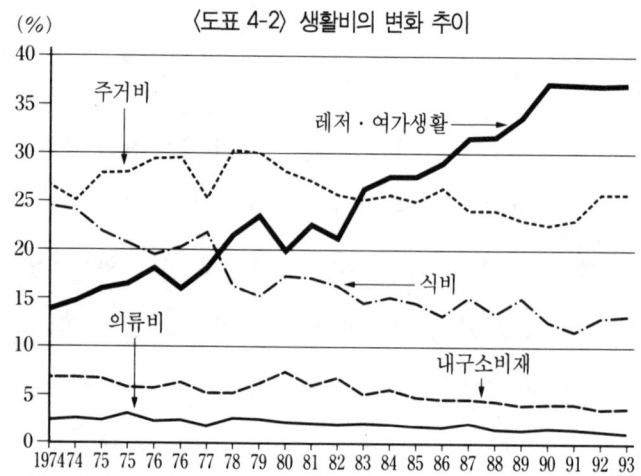

〈도표 4-2〉 생활비의 변화 추이

자료 : 총무청 홍보실 「국민생활에 관한 여론조사」 (1993년 5월)
주 : 74년은 1월과 11월, 75 · 76년은 5월과 11월에 조사

해 레저용 차의 판매가 두드러지고 있다.

RV차가 증가한다는 현실과 이 도표를 대조해 보면 그 의미를 알 수 있을 것이다. 옛날은 자동차라고 하면 당연히 세단이었다. 가족과 시내로 쇼핑하러 가기도 하고 드라이브 가기에는 세단이 알맞기 때문이다. 하지만 최근에는 여가에 더 많은 비용이나 시간을 할애하게 되었다. 아웃도어 붐(Outdoor Boom)도 그 하나이다. 그래서 그에 적당한 RV차 붐이 일어났다고 보면 좋을 것이다.

이 사실을 먼저 파악한 일본 자동차 회사 중에는 RV차를 내놓음에 따라 급속하게 매출을 증가시킨 경우도 있다.

그런데 과거의 경험에만 의지하고 있던 회사는 여전히 승용차를 고집하는 바람에 실적의 차이가 나기 시작했다.

RV차로 맹렬히 매출을 신장시켜온 회사는 미쓰비시(三菱)자동차이다. 이 회사는 미쓰비시중공업에서 분리된 회사이지만, 현재는 모기업인 미쓰비시중공업의 매출보다도 미쓰비시자동차의 매출액이 훨씬 크다. 이렇게 매출을 끌어올린 것이 바로 RV차이다. 다시 말해 이 미쓰비시자동차는 일본의 일반 소비자 지출의 비율이 어떠한 방향으로 변해갔는가 하는 것을 미리 파악하고 성공한 전형적인 예이다.

또 한 가지 자동차 시장에서는 지금도 소형차가 잘 팔리고 있다. 이것은 물론 한 가구당 2대의 자동차를 보유하는 시대가 도래했음을 나타내는 것이지만, 소형차가 특히 지방에서 잘 팔리고 있다는 것은 여성들이 통근용으로 사용하고 있음을 보여주는 것이다.

이와 같이 일본 가계조사를 자세하게 분석해 가면 이제부터의 일본 시장이 어떻게 변해가는가를 엿볼 수 있다. 예를 들면 장난감 체인스토어로 유명한 토이저러스(Toys 'Я' us)가 일본에 진출했을 때도 그러하다.

그때 일반 유통 전문가들은 이 토이저러스의 진출에 대해 거의 관심을 기울이지 않았다. 일반적으로 체인점이라는 것은 식품에서나 있는 것으로 여겼기 때문에 장난감 체인스토어 따위는 생각도 못했던 것이다.

그러나 이 뉴스를 들었을 때 나는 생각했다. 최근 장난감 시장이 대단하다는 것은 조금만 관심을 가지면 알 수 있는 일이다. 게임소프트는 하나에 7,000엔, 8,000엔. 그래서 최근에는 유치원 꼬마들이 1만 엔짜리 지폐를 가지고 장난감 가게로 뛰어가는 시대가 되었다. 이러한 모습을 미리 파악하고 토이저러스가 일본에 진출한 것이다. 과연 생각했던 대로 토이저러스는 큰 쇼핑센터를 만들며 성공을 거두어가고 있다.

또 가계지출 잡비 중에서 주목할 만한 것은 교제비 지출로, 현재 9.4%에 이르고 있다. 확실히 교제시장이 화려하게 성장하고 있는 중이다. 최근 결혼식장을 보아도 알 수 있다. 신부가 몇 번이나 다른 옷으로 갈아입는 것은 물론, 신랑까지 여러 번 옷을 갈아 입으며 흰색이나 청색 턱시도

를 입고 나온다. 또 그것에 맞춰서 공들여 연출도 한다. 이
것들에 드는 비용은 물론 교제비이다. 특히 최근에는 관혼
상제 중의 장례식에까지 레이저 광선을 사용한 연출 등이
시작되었다. 이것들에 드는 비용도 역시 교제비에 포함된
다.

앞으로 10년 내에 「잡비」 시장은 1.3배 증가한다

그런데 앞으로는 일본의 소비형태가 어떠한 모양으로 변할까? 이것을 예측하려면 지금 설명한 가계조사 소비구조를 염두에 두고 앞으로 증가하게 될 지출이 어느 부분일지 연구할 필요가 있다.

구체적인 숫자를 들어보겠다. 과거 10년 사이에 일본 근로자 지출은 약 1.5배가 되었다. 그러면 앞으로의 10년 후에는 어떨까? 1.5배라는 기세는 조금 떨어질 것이다. 그러나 적어도 1.3배는 될 것이라 예상된다. 특히 물건을 판매하는 측으로서는 부풀어 올라있는 지출이 어디로 쏠리느냐하는 것이 문제가 된다.

우선 의·식·주에서 보자. 의(衣)에 따른 지출이 현재보다 30% 늘어날 것이라고는 도저히 생각할 수 없다. 조금

전 살펴본 〈도표 4-2〉에서와 같이 거의 비슷한 정도의 지출 증가로 이어질 것이다.

식비 또한 지금보다 30% 정도 늘기는 어려울 것이다. 이렇게 되면 일본인 모두가 마치 돼지처럼 살쪄버릴지도 모른다. 노상 매일 고급스러운 음식만 먹는 것도 아니기 때문에 식비에 대해서도 지출 비율의 증가는 현재와 비슷한 추세가 될 것이라고 보는 것이 옳다.

다음은 주거문제다. 지금은 주택붐이다. 그 중에서도 특히 주목하고자 하는 부분은 개조에 관련된 부분이다. 얼마 전에 친구가 집을 새롭게 개조했다고 해서 집들이에 간 일이 있다. 화장실이 어디냐고 물었더니 지금은 「파우더-룸」이라 부른다고 했다. 그 파우더룸에 들어가 보고 깜짝 놀랐다. 샹들리에가 드리워져 있는 것이다. 얼마 전까지만 해도 화장실에 샹들리에를 단다는 것은 생각조차 할 수 없었다.

최근의 파우더룸은 안주인이 그 안에 들어가면 한 시간은

나오지 않는다. 나오면 분가루 투성이가 된다. 그래서 파우
더룸이라고 한다는 농담이 있을 정도이다. 안주인이 한 시
간씩이나 나오지 않는다고 말할 정도로 안은 상당히 넓고
거울이 있고 또 여러 가지 화장도구가 비치되어 있다. 거기
서 천천히 화장을 즐긴다. 이것이 파우더룸이다. 아까 잡비
에서 1위를 한 것이 용도를 알 수 없이 써버린 돈이라고 이
야기했는데, 이러한 화장품도 사실 여기에 포함된다.

또 화장실을 새롭게 단장하는 경우도 매우 활발해지고 있
다. 샤워기가 있는 화장실이라는 것은 일본에서는 차츰 보
급이 진행되어 지금은 일반적인 추세가 되었다. 또한 변기
도 냄새가 나지 않는 기능을 부착했다거나 뚜껑이 자동적으
로 열리는 등 여러 가지 기능을 갖춘, 정말로 하이테크 덩
어리가 되었다.

화장실이 이렇게 되리라고는 최근까지도 꿈에도 생각하지
못했을 것이다. 그럴 때 아이치(愛知)현의 도코나메(常

滑)시에 본사를 둔 INAX는 대담한 쇼룸을 만들었다. 도쿄 1번지, 아카사카(赤坂)에 아크힐즈라는 고층건물이 생겼을 때 이 건물의 37층 정상에 멋진 쇼룸을 만들었던 것이다.

그렇지만 이 회사 제품은 변기와 세면기, 욕조뿐이었다. 그것만으로는 그 쇼룸에 손님이 오지 않는다. 그래서 그 옆에 멋진 커피숍을 만들어 맛있는 음식을 저렴한 가격에 제공했다. 이렇게 해서 젊은이들이 많이 모이는 장소가 되었다. 과장되게 말하면 도쿄의 젊은이는 토일렛과 세면기를 보면서 데이트를 한다. 이것이 가장 새로운 라이프 스타일이라고도 말할 수 있다.

그러나 현재로서는 아무리 집에 돈을 들인다고 해도 개조할 만한 곳이 그리 많지 않기 때문에 그에 따른 비용도 그렇게 크게 늘 수는 없을 것이다. 의·식·주가 지금과 크게 달라지지 않는다면 에너지도 그 이상의 신장을 보이기는 어려울 것이다. 이것으로 알 수 있듯이 의, 식, 주, 에너지는

증가한다 해도 현재의 30% 이상 증가한다고는 도저히 생각
할 수 없다. 따라서 앞으로 10년 증가할 시장은 「잡비」라고
생각해도 틀림이 없다.

빠찡꼬, 만화, 게임 산업

최근 하이테크 중에서도 크게 주목받고 있는 것이 전자공학, 그 중에서도 반도체이다. 이 반도체의 상당히 큰 고객의 하나가 빠찡꼬이며 또 게임이라는 것은 잘 알려져 있다.

최근의 빠찡꼬는 바로 하이테크 그 자체이다. 일본 특유의 액정 패널과 마이크로 프로세서가 들어있고 상당히 복잡한 프로그램이 짜여져 있다. 빠찡꼬를 하는 사람은 이러한 프로그램의 게임성을 즐길 수 있다. 현재 17조 엔의 시장을 가진 빠찡꼬 산업의 규모가 세계 톱을 계속하고 있는 일본 철강업과 어깨를 나란히 한다. 멀지 않아 앞지를 것은 틀림이 없다. 이 빠찡꼬에 들어가는 비용도 교양·오락지출의 일부이다.

이보다 더 큰 시장은 게임이다. 처음에 게임 소프트는 텔레비전에 짜넣어져서 혹은 퍼스널 컴퓨터와 함께 가정으로 밀려왔다. PC라고 하면 얼마 전까지만 해도 복잡한 표를 계산하거나 워드프로세서, 말하자면 사무용으로 사용되는 것이라고 생각했다. 그러나 점차 게임기기로서의 PC의 용도가 급속하게 증가하고 있는 것에 주목하기 바란다.

또 한 가지 중요한 것은 이렇게 해서 일본에서 생겨난 새로운 문화가 세계로 퍼져가고 있다는 사실이다. 일본의 게임 소프트는 세계 톱을 달리고 있다. 더구나 소프트 속에 나오는 캐릭터나 애니메이션도 함께 일본에서 퍼져나가고 있다. 이것은 어느새 일본 문화에 뿌리를 내린 새로운 시장이라고 생각할 수 있다.

멀티미디어 관련분야라 하면 아무래도 미국에 비해 늦었다는 의견이 지배적이었다. 그러나 잘 생각해 보면 일본제 애니메이션은 바로 멀티미디어 그 자체이다. 더구나 이것은 일본 문화에 뿌리내리고 있다.

현재 일본이 세계 각지에서 높은 평가를 얻고 있는 애니메이션은 결국은 에도시대 판화의 연장선상에 있다고 생각한다. 전에 파리에 갔을 때 클로드 모네(Claude Monet)가 살았던 마을에 가서 모네의 판화 컬렉션을 보고 왔다. 그런데 그것을 보는 동안에 나의 머리 속에서 이 판화가 일본에서 만들어지고 있는 애니메이션과 겹쳐졌다.

　　일본의 애니메이션은 틀림없이 판화의 연장선상에 있다. 디즈니 만화는 인간의 움직임 그대로 표현하려고 한다. 어떻게 하면 인간에 보다 가까와질 수 있을까 하는 것이 디즈니 만화의 특징이다.

　　그런데 일본의 애니메이션은 움직임부터 스토리까지 모두 디즈니와는 완전히 다른 독특한 개성을 형성하고 있다. 일본의 애니메이션이 완전히 새로운 문화를 개척해 왔다고 해도 좋을 것이다. 이에 필요한 비용 모두가 교양·오락비 지출에 해당한다.

또, 1994년 일본의 해외여행자 수는 1,300만 명을 넘었다. 이 지출도 교양·오락비 또는 교제비로 지출되는 것이다.

이렇게 해서 가계조사 데이터를 근거로 하여 도대체 어떠한 시장이 일본에서 새롭게 부상했는가를 점쳐보면 일본 경제가 어느 방향으로 달려가는가 읽을 수 있다.

아키타현, 홋카이도, 오키나와현이
커다란 시장이 된 이유

지금 살펴본 총무청의 가계조사 외에 또 하나, 소비자의 「얼굴」을 보다 상세하게 알 수 있는 데이터가 있다. 「민력 (民力, 국민의 경제력)」이라는 것으로, 원래는 일본 적십자사가 일본 국내에서 어느 만큼 기부금을 모을 수 있을지를 예상하기 위해 시작된 조사 데이터이다.

이것은 각 지역에 대해서 그 지역의 인구, 취학률, 가족구성 등을 비롯해서 산업, 유통, 자동차 보유대수, 오락시설 등 그 지역에 어떠한 산업, 경제활동이 이루어지고 있으며 또 어떤 생활을 영위하고 있는가 하는 데이터를 망라한 것이다. 민력 조사는 일본의 독특한 시장조사 중의 하나로, 획기적인 것이다. 이 조사는 지금도 매년 새로운 판이 나오고 있다.

이 민력의 숫자를 보면 그 지역에서의 구매력을 파악할 수 있다. 예를 들어 도쿄, 오사카 같은 대도시에서는 전국 평균을 100이라 할 때 민력이 120이나 130, 또는 200이란 숫자를 나타낼 경우가 있다. 또 인구가 적은 농촌에서는 민력이 80전후인 경우도 흔하다.

따라서 이 민력을 정리해서 다른 데이터와 함께 살펴보면 자사의 상품이 그 지역에서 어느 만큼 팔릴 것인가 하는 판매 예측도 가능하다. 그 방정식을 만드는 것도 「판매왕」이 되는 데 있어서 하나의 중요한 작업이다.

그런데 나는 이 민력에서 상당히 흥미있는 점을 발견했다. 그것은 아키타현의 어느 마을에 대해서이다. 아키타현은 농업을 주로 하는 곳으로 일반적으로 도쿄, 오사카 같은 대도시에 비해서 구매력이 낮다고 할 수 있다. 실제 아키타시나 노시로(能代)시를 보아도 그 민력은 전국 평균을

100으로 했을 때 90 수준이다.

그렇지만 아키타현 내에 민력이 130인 마을을 발견했다. 그곳은 오가다 마을(大潟村)로 옛날 하치로 호수(八郎潟)를 간척해서 만든 농촌지대이다. 이 마을이 생겼을 때, 농림수산성(農林水産省)은 전국에서 이주 희망자를 모집했다. 이렇게 해서 생긴 완전히 새로운 마을이다. 그곳의 민력이 130인 것이다.

거기에 살고 있는 사람들은 정말로 농업에 목숨을 걸 정도로 상당히 열의가 있는 사람들뿐이다. 그렇기 때문에 130이라는 숫자가 나온 것이다. 물론 경지면적도 15.1헥타르나 되어 종래 농촌의 평균 1.5헥타르라는 숫자와 비교하면 상당히 넓다. 그러나 이것은 단지 농지가 넓어졌다는 것만으로 나타난 숫자는 아니다. 작업을 하는 사람들의 의욕이 130이라는 숫자를 만든 것이다.

이 곳에서는 대체 무엇이 팔릴까 하는 것도 하나의 테마가 되겠지만, 여기서는 다른 한 가지 재미있는 데이터에 대해서 이야기하겠다. 그것은 홋카이도(北海道)이다. 홋카이도 하면 혼슈(本州)에서 떨어져 위치하고 있기 때문에 여러 산업이 발달하기 어렵다고 생각하기 쉽다.

물론 메이지(明治)시대 이후, 일본 정부는 무로란(室蘭)이나 그외 지역에 제철소를 만들기도 하고 여러 산업을 일으켰다. 하지만 최근의 불황 때문에 이러한 산업도 꼭 왕성하다고는 할 수 없다. 그런데 홋카이도의 민력을 조사해 보면 실로 놀랄 만한 부분이 있다. 민력이 100 이상의 경우가 제법 많이 있기 때문이다. 그래서 홋카이도 지도 위에 민력이 100 이상의 마을을 그려 보았다. 그것이 다음 〈도표 4-3〉과 같다.

이것을 질 보기 바란다. 거의가 홋카이도의 동쪽에 집중해 있다. 동쪽은 큰 도시가 많지 않다. 그러나 민력은 높다. 삿포로(札幌) 시내보다도 민력이 높은 마을이 곳곳에

〈도표 4-3〉 홋카이도

■=1인당 민력수준 100. 0 이상

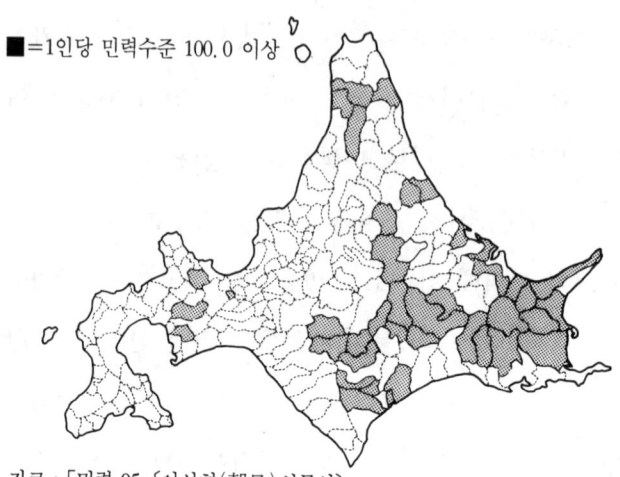

자료 :「민력 95」〔아사히(朝日)신문사〕

있다. 이 마을들은 모두 낙농지대이다. 이 부근은 경지면적, 농지면적도 상당히 넓고, 또 낙농이 발달한 지역이다.

생각해 보면 홋카이도의 낙농은 사료의 대부분을 수입한다. 그리고 토지 조건은 미국과 거의 다르지 않다. 그렇다면 미국 낙농과 충분히 경쟁할 수 있다. 그리고 실제로 이러한 숫자가 나오고 있다.

또 오키나와현이라 하면 혼슈에 비해서 가난하다고 생각하지만 민력을 조사해 보면 의외로 민력이 높은 마을을 발견한다. 그 이유는 어업이다.

분명히 오키나와 주변의 작은 섬은 어업을 하기에 적당하다. 이것이 그대로 민력에 영향을 미치는 것이다. 이것도 숫자를 보면 곧 알 수 있다.

이와 같이 민력을 통해 각 지역의 산업특성을 이해할 수 있다. 그리고 지금 소개한 민력 숫자에서 「일본의 농업은 해외와 비교해서 경쟁력이 없다」라는 세간의 상식이 현실과는 다르다는 것을 알 수 있을 것이다. 이러한 내용도 이미 이 책에서 여러 번 말했다. 데이터의 중요성을 나타내는 하나의 예이다.

독자적인 조사로 고안해낸 판매법

이 민력의 발상을 살려서 나름대로 독자적인 데이터를 만드는 것을 권장하고 싶다. 그리고나서 자사제품의 잠재구매력 추정치를 내는 것이다. 이렇게 함으로써 그 지방에 맞는 판매계획을 세울 수 있는 것은 물론, 잘 활용한다면 판매를 성공시키기 위한 새로운 가능성을 몇 배나 부풀릴 수가 있다. 다음에 소개하는 것은 이전에 내가 기업에 있을 때의 일이다.

지금은 버튼식 전화기가 전국적으로 보급되어 있지만, 그 당시에는 겨우 일본에서 개발되기 시작할 무렵이어서 사무실 이외에 일반 가정에는 그다지 보급되지 않았다. 그래서 도대체 어떠한 요소가 버튼식 전화 판매에 영향을 주는지 과거의 데이터를 분석해 보았다. 즉 버튼식 전화에 대한 민력을 조사해서 판매계획을 세우려고 한 것이다.

우선 첫번째로 각 지구에 있는 영업소의 수와 그 상점의 과거 실적을 파악한다. 다음은 그 지구의 민력, 즉 물건을 사는 능력을 보기 위한 소득수준, 이것을 파악하는 데는 주유소의 수도 도움이 된다. 주유소의 수가 많다는 것은 자가용차가 많다는 의미이다. 자가용차를 가지고 있는 것은 그만큼 쓸 수 있는 돈이 많다는 것이다. 또한 그 곳의 슈퍼마켓의 수와 그 매출액을 파악한다.

이러한 것을 토대로 각 지구의 인터폰에 대한 민력은 어느 정도여야 할까 또 버튼식 전화에 대해서는 어떠한가 하는 점을 계산해 보았다.

그렇게 해서 산출해 나온 숫자와 지금까지 판매 실적을 대조해 보았더니 놀랄 만한 사실을 알 수 있었다. 나라(奈良)현의 한 곳에서 예상했던 것보다 3배 이상의 전화가 팔리고 있었던 것이다.

이유를 찾아보려고 그 지역에 대해서 더 자세히 조사를 했다. 원인은 어느 상점에 있었다. 그 상점의 판매 실적이 특출하게 많았던 것이다.

그래서 그 상점을 조사해 보니 다음과 같은 사실을 알 수 있었다. 그 상점은 지금까지 숯이라든지 연탄, 그 밖에 프로판 가스 연료를 판매했다. 그러나 그 상점의 사장은 「이 장사는 장래가 없다. 연료소비라는 것은 뭔가가 있다고 해서 마구 증가하지 않는다」라고 생각했다. 그래서 마침 그 무렵부터 시작된 가정용 버튼식 전화기 판매에 몰두하려고 생각했던 것이다.

전화를 판매하는 데는 자격이 필요하다. 그래서 유선전화 기술 자격을 얻고 전화를 팔기 시작했다. 이 상점은 원래 연료점이었기 때문에 대부분의 손님과 친분관계를 가지고 있다. 프로판 가스 등을 배달하면서 손님과 친해졌기 때문이다. 그 경로를 따라 버튼식 전화기를 열심히 팔기 시작했다. 그 결과 우리가 예상했던 숫자의 3배의 전화를 파는 데 성공했다.

이러한 성공사례는 우리들에게 상당히 귀중한 데이터가 된다. 연료가 없다면 일반 가정은 생활할 수 없다. 그렇기 때문에 연료점은 주변 지역의 가정에 대해서 100％에 가까울 정도의 네트워크를 가지고 있다. 이 판매망에 버튼식 전화기를 연결하면 팔린다. 이것은 물건을 파는 데 있어 상당히 귀중한 노하우이다. 즉시 이 케이스를 전국 영업소에 알리고 격려한 결과 전화기의 판매 추세가 쑥쑥 증가했다.

이것은 민력으로 나온 숫자의 이용가치가 단순한 판매할 당에 그치지 않는다는 것을 나타내는 것이다. 계산으로 나온 숫자와 실제 숫자를 비교함으로써 예상 이상으로 팔렸을 때는 그 원인을 찾아 그 제품을 더 팔기 위한 노하우를 얻을 수도 있을지 모른다. 역으로 예상치를 크게 밑도는 경우에도 거기에서 뭔가 커다란 발견이 있을지도 모른다.

지금까지 「비즈니스 항공사진」을 본다든지, 가계조사 숫자를 본다든지, 여러 가지 숫자를 읽어서 시장 전체를 파악하는 방법을 설명해 왔다. 그러나 우리들은 경제학자도 평론가도 아니다. 목적은 판매, 곧 물건을 파는 것에 있다. 이같이 해서 여러 숫자를 모아서 여기에서는 이만큼 팔릴 예정이다라든지 또는 여기서 이 정도 팔리면 충분하다라고 예상을 세우고 만족하는 것만으로는 곤란하다.

전에 남쪽 섬에 구두를 팔러간 두 명의 세일즈맨 이야기를 했다. 한 명의 세일즈맨은 그 곳 주민들은 아무도 구두를 신지 않기 때문에 당연히 구두를 팔 수 없다고 결론을 냈다. 그런데 또 다른 세일즈맨은 모두 맨발이니까 이 사람들에게 신발을 신긴다면 굉장한 수요가 있을 거라는 결론을 냈다. 이것이 중요하다.

우리들은 물건을 팔기 위해서 데이터를 만든다. 그렇기

때문에 「비즈니스 항공사진」 이야기에서도 가계조사 이야기에서도 문제를 발견해 판매를 올리기 위한 방법으로 받아들이기 바란다.

거기서 나온 숫자가 현실과 일치하는가 하는 것은 그다지 중요하지 않다. 극단적인 이야기로 설령 분석 결과가 다르다 해도 거기에서 판매 전략의 요령이나 가능성을 발견한다면 그 분석은 성공한 것이다.

숫자를 분석해서 거기에 문제가 있는 것을 발견한다면 그 다음으로 해야 할 것은 이것을 해결하기 위한 아이디어를 도출해 내는 것이다. 아이디어를 내야 비로소 판매가 시작되는 것이다. 앞의 「구두 수요는 있다」라고 보고한 세일즈맨도 거기서 끝났다면 아무것도 아닌 셈이 된다. 어떻게 하면 구두를 신지 않은 사람들에게 구두를 신길 수 있을까 하는 아이디어를 낼 때 비로소 세일즈맨으로서의 임무를 다하는 것이라고 말할 수 있다.

어느 영업소장의 기발한 계책

여러 가지 숫자를 분석해 거기에 어떠한 수요가 있으며, 어떻게 하면 팔 수 있을까 하는 요령을 하나씩 쌓아가는 것이 세일즈를 성공시키는 비결이다.

다만「비즈니스 항공사진」에서 얻어진 대로 물건이 팔릴 경우, 이것이 계획경제라면 예측과 딱 맞아 좋겠지만 우리들은 자유경제 체제에 있다. 자유경제에서는 예측 이상의 판매를 가능케 하는 것이야말로 세일즈맨으로서의 임무를 다하는 것이라고 할 수 있다. 그래서 이제 한 가지 중요하고 재미있는 이야기를 하겠다.

지금은「불을 사용하지 않은 조리기」로 흔히 가정에서 사용되고 있는 전자조리기이지만, 처음에는 한 대당 20만 엔 가까이 하는 고급 조리기구였다. 그래서 제조회사측에서도 발매해도 그다지 팔릴 것이라고는 기대하지 않았다. 어쨌든 내놓고 보자라고 했던 정도였다.

그런데 놀라운 일이 일어났다. 서부의 한 영업소에서 전국의 70% 가량의 전자조리기가 팔린 것이다. 이것은 경이적인 숫자라고밖에 말할 수 없다. 어떻게 이렇게 팔 수가 있었을까? 그것은 다음과 같은 이유 때문이었다.

전자조리기가 팔리기 시작할 무렵, 때마침 도쿄의 하네다(羽田)공항 내의 튀김가게에서 불이 나 하네다 공항이 반나절이나 마비된 사건이 일어났다. 그 튀김집의 화재로 인한 연기가 에어컨 덕트를 타고 이동해서 관제탑까지 연기로 가득차 버렸던 것이다. 느닷없이 에어컨 통풍구에서 연기가 나오자, 관제탑 사람들은 깜짝 놀라 대피하기 시작했다. 이 소동으로 관제답 기능이 마비되고 하네다 공항이 반나절 가량 정지해 버렸던 것이다.

이 사건은 전국으로 보도되었고 이 어처구니없는 소동에

대한 기사를 읽은 전자조리기의 영업소장은 무언가에 착안했다. 그리고 지역 내의 각 소매상 주인들에게 닥치는 대로 전화를 걸었다.

『그 지역에서 컬러 텔레비전을 가장 먼저 산 손님, 두번째로 산 손님 등 다섯번째까지의 손님들 명부가 필요합니다』라고 부탁했다.

각 소매상 주인은 무슨 일인지 알 수 없었지만 좋은 손님을 잡을 수 있을 것으로 생각해서 그 주소를 적어 그 영업소장에게 보냈다. 나중에 들은 이야기지만 손님들 대부분이 의사였다고 한다. 그리고 이 영업소장은 이들 앞으로 편지를 써서 발송했다. 다음과 같은 내용이었다.

「여러분은 하네다 공항에서 튀김가게에 불이 나는 바람에 관제탑이 반나절이나 마비되었다는 뉴스를 알고 계시지요. 튀김을 튀기기 위해 불을 사용하는 것은 상당히 위험합니다. 그러나 이 전자조리기는 불을 절대로 사용하지 않습니다. 이 전자조리기를 구입하십시오. 기름에 불이 붙어 화재가 나면 큰일입니다.」

전자조리기는 불이 없다. 그것을 강조한 편지를 보낸 것이다. 컬러 텔레비전을 최초로 산 손님은 당연히 우수한 고객이다. 돈도 있다. 또한, 당연히 하네다 공항이 반나절 동안 마비되었다는 뉴스도 알고 있다. 편지를 보냈던 상대로부터 차례차례 주문이 들어와 그 결과 전국의 70%에 해당하는 전자조리기가 이 영업소 한 군데에서 팔린 것이다. 이 것은 실제로 있었던 이야기이다.

이 이야기를 잘 되씹어보기 바란다. 판매라는 것은 물건을 파는 일이다. 그렇기 때문에 어떻게 찬스를 잡아 물건을 팔 것인가를 생각하는 것이 우리들의 일이다. 이같은 생각으로 매일 신문을 보는 것이 좋다. 신문을 사회의 창이라 하듯이 모든 뉴스가 실려 있다.

거기에는 물론 경제 문제도 있지만 정치 문제도 있다. 또

사회 문제도 있다. 일반인들은 신문에서 정보를 얻는 경우
가 상당히 많다. 신문을 통해 세상의 움직임을 파악하고 그
중에서 문제점을 재빨리 발견해 그를 해결하기 위해 무엇을
팔면 좋은가 궁리한다. 이러한 식으로 생각한다면 신선한
판매의 씨앗들을 무궁무진하게 얻을 수 있을 것이다. 전국
70%의 전자조리기를 단 한 군데의 영업소에서 팔았다. 이
이야기는 우리들에게 판매라는 것이 무엇인가 하는 것을 잘
가르쳐주고 있다.

「NEED」의 시대에서 「WANT」의 시대로

물건을 사기 위해서는 시장이 큰 편이 좋다는 것은 말할 필요도 없다. 그러한 시각으로 일본 전체를 보면 일본이라는 시장이 얼마나 많은 축복을 받았는지 알 수 있다.

일본 저축률이 높은 것은 세계에서도 유명하다. 개인 저축률은 놀랄 정도이다. 최근 미국 경제가 조금 좋아졌다고 해도 근본적으로는 저축률이 낮아 문제라는 것은 잘 알려져 있다.

저축률이 낮다는 것은 자유롭게 사용할 수 있는 돈이 적다라는 의미이다. 기업이 새로운 투자를 시작하려고 해도 정부가 어떤 공사를 착수하려고 해도 거기에는 반드시 돈이 든다. 그 자금원이 되는 저축이 적다는 것은 돈이 자유롭지 못하다는 것이다.

일본의 경우, 개인 저축률이 대단히 높다. 그것은 새로운 일을 하기 위한 돈을 구하기가 쉽다라는 의미이다. 이만큼 많은 돈이 있기 때문에 파는 측으로서는 이 돈을 사용해 물건을 사갔으면 한다. 게다가 일본인들의 생활은 매우 풍요로와졌다. 이전에는 엥겔계수도 높고 생활하는 것만으로 벅찼었다. 그렇기 때문에 마음의 여유를 위해 돈을 쓰는 일은 거의 할 수 없었다.

그런데 바야흐로 잡비가 지출의 54%를 차지하고 있다. 생활비 이외의 자유로 쓰는 돈이 상당히 증가했다. 소위 생활필수품이 아니고 생활을 풍요롭게 하기 위한 지출이 증가하고 있는 것이다. 이것은 물건을 파는 측에 있어서는 더없이 중요하다.

의, 식, 주, 에너지 부분에 생활비가 집중되었을 때는 지출이 경직되어 있었다. 그러나 잡비가 지출의 50%를 넘어서면서 우리들의 노력 여하에 따라 새로운 소비를 창조할 가능성이 커졌다. 원하는 것이 있으면 물건을 사는 시대인 것이다. 얼마 전까지만 해도 새로운 물건을 팔기에는 우선 NEED, 즉 생활을 위해 필요한 것이 무엇인가 조사하려고 했다. 그런데 현재 일본의 소비자들은 이미 NEED는 대체로 만족하고 있다. 지금부터는 WANT의 시대, 원하는 것은 반드시 사는 시대이다.

NEED의 시대에는 자동차도 1가구 1대로, 세단이란 전통적인 승용차만이 팔렸다. 그런데 최근에 이르러서는 1가구에 1대는 당연하게 되었고 여가를 보내기 위한 또 하나의 차로서 레저용·RV차가 팔리기 시작했다. 그 결과 WANT의 시대가 되었는데도 세단만을 고집했던 자동차 회사들은 매출부진으로 고생하고 있는 현실이 나타났다.

또 빠씽꼬 산업이 철강업을 누른다는 것은 바로 이전까지는 상상도 할 수 없었다. 그러나 현실적으로는 빠찡꼬 산업의 매상은 철강업과 어깨를 나란히 하고 있고 멀지 않아 앞지를 것이 확실시되고 있다. 이것을 「경제의 소프트화」라는 말로 설명하려고 하는 사람도 있다. 그러나 이 「소프트」라는 말은 실은 애매모호해서 오해를 일으키기 쉽다. 나는 「원하는 물건이 팔리는」 시대라고 말하고 싶다.

일본인의 창조성으로 가라오케에
버금가는 새로운 시장을

「소비자가 원하는 물건」을 창조하는 것, 이것이야말로 일본에서 찾아야 할 판매의 기본이다.

예를 들면 가라오케라는 것이 있다. 이것도 처음 일본에서 히트했을 때는「저런 것은 일본인에게는 인기가 있어도 외국 사람들은 좋아하지 않을거야」라는 냉담한 반응이 있었다. 외국에 가면 생연주를 얼마든지 들을 수 있기 때문이다. 그래서 스피커에서 나오는 음 따위로 즐거워하는 사람은 일본인뿐이다, 실로 쩨쩨한 장사다라고 했다.

그런데 이와 같은 예측은 어긋나 가라오케는 세계적인 상품이 되었다. 여기에는 음악과 더불어 화면을 감상한다는 것이 큰 매력으로 작용하였다. 음악에 맞는 영상이 나온

다. 이것은 생연주로는 맛볼 수 없는 매력이다. 그렇기 때
문에 무언가 새로운 상품이 나올 때 부정적으로 상품을 보
고 트집을 잡는 자세는 버리도록 하자. 그 대신에 애써서
나온 상품을 어떻게 키워갈까를 생각하자.

　창조성은 인간만이 가지고 있다. 애써 내놓은 지혜를 비판하고 안된다고 부정적으로 말한다면 세상은 전혀 발전하지 않는다. 가라오케가 대성공을 거두었다. 그 뒤에 인간의 감성을 부추기는 것이 있었기 때문이다. 따라서 이것도 일본인이 새롭게 창조한 시장이라 생각해도 좋다.

돌이켜보면 일본에서는 전후 50년간 유럽이나 미국에서는 생각하지 못했던 새로운 시장을 많이 개척해 왔다. 만화나 애니메이션 등이 그 뛰어난 예일 것이다. 그런데 이러한 것에는 눈을 돌리지 않고 무조건 일본인을 멸시하는 일본인이 있다.

『일본인은 창조성이 없다. 일본에서 해내고 있는 것은 거의 구미의 수입품이다.』

미국도 무척 오랫동안 유럽의 모조품을 만드는 나라라고 경멸받았다. 「파리의 미국인」이라는 말은 깃발을 선두로 걸어가는 일본 관광객과 같은 의미로 받아들여지고 있다. 이런 말에 신경 쓸 필요는 없다. 세계 시장을 무대로 할 때 이쪽이 본가다라든지, 원조가 어디인가 하는 말은 아무래도 상관없다.

물론 그와 같은 입장에서 본다면 일본 기술의 근본은 모두 수입품인지도 모른다. 그러나 우리들의 손으로 새로운 시장을 개척할 수 있다면 미국인이나 유럽인이 발명한 것이어도 이것은 일본인의 상품이라고 말해도 좋다. 그것을 잘못이라고 해서는 안된다.

물론 새로운 시장은 해외뿐만 아니라 국내에서도 얼마든지 창조할 수 있다. 「잡비」를 그 힌트로 삼는다면 아직까지 아무도 손대지 않은 미개척지가 눈앞에 당당히 펼쳐질 것이다. 아무리 불황이다, 불황이다 하고 소란을 떨어도 일본은 그만큼의 잠재구매력을 충분히 가지고 있다.

손님을 「주역」으로 모시는 세일즈의 지혜

「이론으로 설득하는」 것은 손님을 적으로 만든다

　판매활동은 가만히 앉아서 할 수 있는 것이 아니다. 팔기 위해서는 말주변도 좋아야 한다. 그런 의미에서 판매라는 것은 상대방을 설득하는 일이라고도 할 수 있다. 상대방에게 물건을 팔려고 생각한다면 설득의 기술이 필요하다.

　설득이라고 하면 이론으로 상대방을 납득시키는 것이라고 생각하는 경향이 많다. 실제, 회사 내에서도 친구와 이야기할 때에도 「인간은 이유를 말하는 동물」이라고 여겨질 정도로 여러 가지 이유를 내세운다. 그렇기 때문에 물건을 판매하려고 할 때 이론적으로 따져 설득하는 것이 좋다고 착각하는 것도 무리가 아니다. 이 상품이 어떻게 좋은가 하는 것을 이론적으로 따져서 상대방에게 호소한다. 그러면 상대방은 좀처럼 반론을 제기하지 못한다. 이렇게 해서 설득에 성공했다고 생각하는 사람이 많다.

그러나 인간이라는 것은 「이유를 말하는 동물」인 반면 「이유로는 설득이 불가능한 동물」인 것이다. 이론상으로는 상대방이 반론할 수 없을 정도로까지 몰아넣었을 때 상대방 마음 속에 무엇이 남아있는가를 생각해 보기 바란다. 「저 사람이 말한 것은 사실이지만 불쾌하다」라는 기분밖에 남지 않는다. 그러면 설득당하지도 않고 상품도 사지 않는다.

이론으로 손님을 설득하려는 것은 손님과 나와는 사고방식이 다르다는 것을 열심히 말하는 것에 지나지 않는다. 그래서는 손님이 좀처럼 이쪽의 의견을 들어주지 않는다. 상대를 설득할 때 중요한 것은 이론을 말하지 않는다는 점이다. 물론 어느 정도까지는 그 상품이 뛰어난 점을 설명할 이유도 필요하지만 결국에는 스스로 지진해서 납득하지 않으면 상품을 사지 않는다.

설득할 때도 무엇보다도 중요한 것은 당신과 나는 완전히 같은 사고방식이다라는 생각이 들게 하는 것이다. 그럴려면 우선 이야기를 어떻게 진행해 가는가, 즉 이야기의 순서를 생각하는 것이 중요하다.

우선 첫번째로 손님의 흥미를 유발하는 이야기부터 시작한다. 설득하려면 먼저 이쪽 이야기에 귀를 기울이도록 해야 한다. 그렇기 때문에 손님에게 흥미없는 이야기만 하면 마이동풍격으로 아무런 소용도 없다.

그러면 손님이 공감할 수 있는 이야기를 어떻게 찾아내는가. 이것은 간단하다. 서로 비슷한 경험담이나 공통된 화제에 대해 이야기하면 좋다. 제일 간단한 것은 날씨 이야기다. 맑은 날에 『오늘은 좋은 날씨네요』라고 말하면 상대는 『그렇군요. 좋은 날씨네요』라고 대답할 것이다. 아주 사소한 것이기는 하지만, 상호 의견이 일치한 것이다.

중요한 것은 「당신과 나는 같은 생각이다」라고 느끼게 하는 것이다. 이것이야말로 설득의 최대 철칙이다. 그렇기 때문에 우선은 날씨 같은 가벼운 이야기부터 시작한다. 점차 고향이 같다든지 취미가 같다든지 자꾸 공통점을 발견해 간다. 또 상대가 야구팬이라면 응원하는 팀을 칭찬하면 좋다. 자이언트팬에게 『금년 자이언트는 어떤가요? 더욱 분발하길 바랍니다』라고 말하면 상대방은 곧 대화에 적극적으로 응한다.

일본인은 만나면 반드시 날씨 이야기부터 시작한다라고 말하는 것도 실은 이때문이다. 날씨라는 것은 만인공통의 이야기이기 때문에 일치점을 발견하기가 쉽다. 손님과의 일치점을 발견한다는 것은 손님의 생각과 일치되는 것을 내가 말하는 것일 뿐이다. 이렇게 하면 「이 사람은 얘기가 통한다」라고 생각한다. 그러나 실제는 이야기가 통하는 것이 아니라, 화제를 상대에게 맞추는 것뿐이다.

물론 언제까지나 날씨 이야기만 할 수는 없다. 상대의 이야기를 잘 듣고 상대방이 흥미를 가지는 화제를 찾아낸다.

특별한 것이 아니어도 괜찮다. 세간에서 일어나는 사건 이야기도 좋다. 그래서「당신과 나는 같은 생각을 가지고 있다」라는 생각이 들게 하는 것이 중요하다.

손님의 「실은요」를 이끌어내는
설득의 두번째 단계

날씨나 야구 이야기는 손님을 설득하는 첫번째 단계로는 안성맞춤이지만 언제까지나 『좋은 날씨군요』, 『자이언트가 이겼군요』만 해서는 장사가 되지 않는다. 그에 이어지는 설득의 두번째 단계는 손님에게서 이야기를 이끌어내는 것이다. 각양각색의 이야기 중에서 손님은 무엇을 기대하고 있는가? 어떤 것을 좋아하는가? 지금 걱정하고 있는 일이 어떤 것인가?──이런 것을 하나씩 이끌어낸다.

이 수법을 영어로 말하면 Create desire, 즉「욕망을 북돋아라, 불러일으켜라」라는 의미이다. 특별히 그렇게 어려운 일을 요구하는 것이 아니다. 그 손님이 더욱더 흥미를 가지는 분야로 화제를 가져가면 된다.

예를 들어, 손님이 회사의 사장이라면 당연히 회사 경영에 대해 걱정할 것이다. 때문에 당연히 경영에 참고가 되는 이야기를 하나라도 듣고 싶을 것이다. 다만 갑자기 이야기를 거기까지 끌고 가는 것은 어려운 일이다. 골프를 좋아하는 사장이라면 우선 골프 이야기를 하면 좋다. 또 콘서트에 자주 간다면 공통의 화제로 콘서트 이야기를 하는 것도 한 방법일 것이다.

이 때의 대화 요령은 『당신은 ○○을 알고 계십니까? ××를 좋아합니까? 역시 다르군요』라고 상대의 프라이드를 부추기는 화제로 이어가는 것이다. 이렇게 되면 손님은 자연히 말이 많아진다. 그 수다의 빈틈을 잡아서 상대의 걱정거리나 또는 관심거리로 화제를 돌리면 되는 것이다.

걱정거리나 관심사로 화제가 옮겨져서 대화가 계속 이어지면 마지막에 손님은 반드시 「실은요」라는 단어를 사용한다. 이 「실은요」라고 하는 단어를 이끌어냈다면 이미 다된 것이다. 인간이라는 것은 본심을 좀처럼 타인에게 말하지 않는다. 그 본심을 말할 때에는 반드시 그전에「실은」이라는 틀에 박힌 말을 사용하는 것이다. 이「실은」이라는 표현이 나오면 손님은 자신에게 마음을 허락했다고 생각해도 좋다. 손님을 설득하는 작업은 이미 성공한 것과 마찬가지이다.

손님을 수다떨게 만드는 것이야말로 진짜 설득

나는 강연회 등, 많은 사람들 앞에서 이야기할 기회가 자주 있는데, 그것은 인간관찰의 좋은 기회이기도 하다. 사람들은 어떠한 이유인지 모두 같은 반응을 한다. 예를 들어 이야기를 이해하면 반드시 머리를 끄덕여 보인다. 알았을 때에 머리를 옆으로 흔드는 사람은 거의 없다. 하지만 내 말이 잘 이해되지 않을 때에는 반드시 고개를 갸웃거린다. 동물적 본능이라고 말해도 좋을 정도이다. 이런 것을 염두에 두고 상대방의 표정이나 또는 머리를 흔드는 방법 등을 관찰하면서 이야기를 진행해 가면 상대방을 이쪽의 이야기로 끌어들이기가 쉽다. 역으로 말하면 손님의 반응을 보지 않고서는 손님을 설득하기란 어렵다.

세일즈맨을 훈련시킬 때 『이렇게 이야기하라』라고 상대

방을 설득하기 위한 대사를 열심히 되뇌이게 하는 회사가
있다. 그것 자체는 결코 나쁘지 않다. 다만 틀에 박힌 말을
무턱대고 외우는 세일즈맨은 손님 앞에 가더라도 외운 대로
틀에 박힌 말만을 떠들어대는 경우가 많다. 가장 중요한 손
님의 반응은 전혀 안중에 없고 계속 지껄여댄다. 그래서는
물건을 사도록 설득할 수 없다.

한편, 틀에 박힌 말을 무턱대고 외운 세일즈맨과는 반대
로 인터뷰를 잘한다고 하는 사람은 반드시 상대방의 얼굴
을 보면서 이야기를 진행시켜간다. 상대방의 반응을 보면
서 그때그때마다 파고드는 방법을 달리해서 상대방으로 하
여금 지껄이게 만들어간다면 생각도 못했던 본심을 들을 수
있다.

텔레비전 프로그램 진행자 중에는 인터뷰에 몹시 서투른
사람이 있는가 하면 참으로 뛰어난 사람도 있다. 그들이 이
야기 손님에게 사용하는 테크닉은 많은 참고가 된다. 주의

해서 보면 좋다.

인간은 기본적으로 수다떨고 싶어하는 동물이다. 첫인상이 얌전하게 보이는 사람이어도 잘 들어주면 꼭 수도꼭지 틀어놓은 것처럼 자꾸자꾸 이야기를 한다. 그때 중요한 것은 맞장구치는 방법이다. 맞장구는 한번 할 때마다 다른 형식적인 말을 사용할 필요가 있다. 『아아, 그렇군요』, 『과연!』, 『아이구』라고 맞장구를 능숙하게 쳐나가면 상대는 거기에 끌려들어서 여러 가지 이야기를 하기 시작한다.

설득이라는 것은 이쪽이 손님에게 이야기하는 것이 아니다. 손님이 이쪽 생각대로 이야기하도록 방향을 잡는 것이 진짜 설득이다. 세일즈맨의 다변(多辯)이 반드시 설득에 도움이 되는 것은 아니다. 손님이 수다를 떨게 하도록 유도하는 것이 설득인 것이다.

이러한 설득 방법을 영어로는 Guided Discussion, 즉「유도 토론」이라 한다. 즉, 상대방을 억지로 내 쪽으로 끌어들

이려고 하는 것이 아니라, 이쪽이 생각하는 틀에 맞도록 유
인하는 것이다.

생명보험회사에서 가르치는
「장래의 고객」을 낚는 법

　손님을 설득할 때『그렇군요. 당신이 권하는 대로 이것을 사죠』라고 손님이 납득해 준다면 만만세이지만 경우에 따라서는 이쪽의 생각과 맞지 않는 경우도 종종 있다.『이미 다른 회사 것으로 결정했습니다』등 벌써 결론을 가지고 있는 경우도 있을 수 있다. 이때 대응방법이 중요하다.「지금」은 도망갈지도 모르지만「장래」는 다르다. 거기서 기회를 놓쳐「타인」으로 돌아서면 세일즈맨으로서 실격이라 말해도 좋다.

　다음은 어느 생명보험회사에서 들은 이야기다. 거기서는 생활설계사들에게 설득의 교육을 시키고 있다. 어떤 사람은 이미 생명보험에 가입했을 수도 있다. 거기에『우리 회사의 보험을 들어주세요』라고 말해봤자 『아니, 이미 들었기 때문에 필요하지 않습니다』라고 거절할 것이다. 그때 『그렇습니까? 유감이군요』라고 하며 체념하는 것은 세일즈맨으로서 능력이 없는 것이다. 그럴 때 이 생명보험회사에서는 다음과 같이 말하도록 가르친다.

『오늘 바쁘신데도 불구하고 만나주셔서 감사합니다. 저희 회사의 상품에 대해 여러 가지 설명을 드렸지만 이미 생명보험에 드셨다니 상당히 유감스러운 일이군요. 하지만 결국 손님께서 생각하시는 것과 제가 오늘 권해 드린 것은 완전히 같은 것입니다.』

이 한 마디 말에 의해서 거절하는 것밖에 머리에 없었던 손님도 이쪽에 대해 주의와 흥미를 기울여 준다. 손님은 상대방인 생활실계사의 들라는 권유에도 불구하고 듣지 않겠다고 거절했기 때문에 서로의 의견은 반대라고 생각한다. 그런데도 「사고방식이 같다」라는 것은 대체 무슨 소리인가? 따라서 반드시 손님은 되물어온다. 이렇게 손님에게 의문을 갖게 하는 것이 설득에서는 상당히 중요하다.

그러면 이런 식으로 대답한다.

『손님께서 이미 생명보험에 가입했다고 하는 것은 생명보험이 인생의 노후를 위해 상당히 중요한 제도라는 것을 알고 계시다는 뜻일 겁니다.』

상대는 생명보험에 들었기 때문에 당연히 『그렇다』라고 대답하게 된다. 그러면, 바로

『제가 오늘 여쭈었던 것도 생명보험이라는 것이 인생을 위해 빠뜨릴 수 없는, 소중한 것이라는 신념에서입니다. 그렇기 때문에 손님이 생각하고 계시는 것과 제가 권해 드렸던 취지는 완전히 같습니다』

라는 말을 남겨둔다. 손님은 뭐라 할 것도 없이 『이 사람, 뭔가 다른데』라는 생각이 든다.

그리고나서 『안녕히 계십시오』 하고 돌아오면 된다. 이

런 후에 무슨 일이 있을 때 연락을 주는 경우도 있을 수 있다. 이 인연을 언제까지나 계속되게 해야 한다.

이 이야기에서도 알 수 있듯이 설득에서는 『당신과 나는 사고방식이 반대다』라는 것은 금기이다. 어떤 경우에서도 『결국 여러 이야기를 여쭈어본 결과, 내가 이야기하는 것과 손님의 생각은 완전히 일치하는군요』라고 「같은 점」을 강조한다. 손님에게 『과연, 저 사람은 이야기를 잘 이해한다』라는 인상을 주면 언젠가는 정말로 거래를 하는 손님이 된다.

이 설득의 수법은 상대와 직접 마주보고 이야기하는 경우에만 해당되는 것이 아니다. 미디어나 포스터 등을 통해 광고하는 경우에도 같은 원리가 통용된다. 최근 텔레비전을 보거나 거리를 다니다 보면 기발한 포스터나 색다른 광고를 발견하게 된다. 그 영향에서인지 손님이 지금까지 생각하던 것과는 완전히 다른, 의외의 내용을 부각시키는 것이 광고로서 더욱 유효하다고 하는 사람이 있다.

하지만 색다른 광고는 콘테스트에서 상을 받기에는 좋을지 모르지만, 그것이 상품의 매출로 직결된다고는 말할 수 없다. 『뭐야 저거. 재미있지만 이런 것을 살까 모르겠어』 정도로 끝나버릴지도 모른다. 광고는 예술가나 평론가를 『앗!』이라고 감탄시키는 것보다는 소비자에게 공감을 가지고 받아들이게 하는 것이 중요하다. 『음, 과연!』이라고 손님이 공감할 때 비로소 상품의 가치가 설명된다.

오사카 전신전화공사를 흑자로 만든
교환수의 한마디

    손님을 설득하고 물건을 팔 때에 날씨 이야기부터 시작해
서 이끌어나가야만 하는 것은 아니다. 단지 한마디 말을 더
하는가, 하지 않는가가 승부의 갈림길이 된다고도 한다.

    지금의 NTT가 옛날의 체신성(遞信省)에서 전신전화공사
로 바뀌었을 때의 이야기이다. 체신성이라는 것은 지금의
우정성(郵政省)이지만 당시에는 관공서적인 분위기를 가
진 곳으로, 근무 태도도 나태하고 재정도 적자투성이 상태
였다.

    이 분위기를 바꾼 것은 진신전화공사의 초대 총재인 가지
이 쓰요시(梶井剛)였다. 가지이는 전신전화공사의 적자를
줄이기 위해 조직의 슬림화를 꾀함과 동시에 수입증대를 적

극적으로 추진하였다. 수입증대라고 해도 일반 제조회사와 달라서 제품을 만드는 것이 아니기 때문에 생산량을 늘린다든지의 일은 불가능하다. 게다가 당시 전화기대수라는 것은 연도계획에서 결정되는 것이기 때문에 무리하게 늘릴 수도 없다. 그런데도 총재는 무턱대고 각 전화국 단위로 성적을 평가하고 수입이 증대된 전화국에는 포상금을 내놓았다.

이때 오사카의 긴키(近畿)전기통신국이 맨 먼저 매출을 늘려 흑자로 전환하는 것에 성공했다. 그때 그들이 행한 방법은 확실한 설득의 기술이었다.

그 무렵 시외전화는 지금처럼 다이얼식이 아니고 전부가 교환대에 신청해 접속을 받는 방식이었다. 여기에는 「보통」, 「지급」, 「특급」의 세 종류가 있어 빨리 연결되길 원하는 사람은 「지급」이나 「특급」을 부탁하지만 그만큼 요금이 높아진다는 짜임새로 되어 있었다.

긴키 전기통신국 직원은 여기에 착안했다. 오사카에서 시외전화를 신청하면 교환수는 반드시 『지급으로 하시겠습니까?』라고 말하도록 한 것이다. 전화를 건 사람은 용무가 있어서 전화를 걸었을테니까 될 수 있는 대로 빨리 연결되기 바란다. 『지급으로 하시겠습니까?』라고 물으면 대부분의 손님은 『지급으로』라고 말한다. 그러면 요금은 「보통」의 2배가 된다.

이윽고 지급을 원하는 손님이 많아 밀리게 되자, 지급이라고 부탁해도 그렇게 빨리 연결받을 수 없게 되었다. 그러자 이번에는 『특급은 어떻습니까?』라고 묻도록 시켰다. 특급의 요금은 「보통」의 3배가 든다. 이렇게 하면 전화기대수가 증가하지 않아도 수입은 증대된다.

이 결과 그들은 거액의 수입증대를 올려 오사카 나카노시마(中之島)라는 요지에 당시로서는 드문 실내 수영장이 딸린 복지회관을 건설하게 되었다. 「지혜」라는 것은 무에서 유를 창조하는 것이다.

지나친 정보는 오히려 역효과를 일으킨다

1995년 연말에 윈도우 95로 대표되는 PC관련 제품들의 판매전이 불똥을 튀기며 매우 치열하게 전개되었다. 지금까지 PC가 뭔지도 모르는 중년 남성까지 전자제품 상가로 쇄도했지만 점원의 설명을 들어도 무슨 소리인지 도대체 종잡을 수 없었다. 『이것으로 부족하다는 생각이 들면 28.8K 모뎀을 별도 구입해 주세요』, 『그 다음은 INS접속 64K라는 방법이 있습니다』 등의 이야기는 해도 알아듣지 못한다. 점원과 손님 사이에는 지식, 정보량의 차이가 너무 많이 난다. 그렇기 때문에 손님이 가지고 있는 지식·정보의 수준에 어떻게 맞출 것인가 하는 것이 점원이 보여주어야 할 솜씨이기도 했다.

「정보이론」이란 학문이 있는 것을 알고 있는지. 이것은

「어떻게 하면 정보를 상대에게 전할 수 있을까」와 「정보를 어떻게 처리하면 좋을까」에 대한 기본적인 원리를 가르치는 학문이다. 이 학문에서 처음으로 가르치는 원리는 손님을 설득할 때에도 도움이 된다.

「우리들이 평소에 사용하는 단어나 문자로 이야기하더라도 상대방은 자신이 지금까지 가지고 있던 정보를 토대로 이해하기 때문에 자신의 지식이나 정보를 초월한 이야기는 이해하기 어렵다」라는 내용으로, 생각해 보면 당연할지도 모른다. 우리들이 텔레비전에서 본 영상, 책에서 읽은 이야기 —— 이것들을 받아들일 때도 결국은 지금까지 가지고 있었던 경험이라든지 정보를 토대로 해서 이해하는 것이다.

그렇기 때문에 손님을 설득하려면 상대가 어느 정도의 정보를 가지고 있는가 하는 것을 먼저 생각한 뒤에 상대방에게 정보를 주는 자세가 필요하다.

인간이란 누구나 유아독존(唯我独尊)의 부분을 가지고

있다. 자신이 지껄이는 이야기는 모든 손님들이 전부 자신의 의도대로 알아준다고 생각하기 쉽다. 그러나 똑같은 이야기를 들어도 그 곳에 열 사람이 있으면 열 사람이 받아들이는 방법이 각각 다르다는 것을 기억해 두어야 한다.

손님이 가지고 있는 정보를 염두에 두고 설득하지 않으면 이쪽이 생각한 대로 전해지지 않을 가능성이 높다.

손님과의 정보 공유화가 가져오는 것

앞에서 이야기했던 「정보이론」 중에는 굉장히 중요한 원리가 있다. 상대방이 가지고 있는 정보와 이쪽이 가지고 있는 정보 사이에 공통된 요소가 없으면 정보는 전해지지 않는다는 것이다. 알기 쉽게 말하면 지금 이 글을 아라비아어로 쓰면 대부분의 한국인은 알 수 없다. 아라비아어를 알지 못하기 때문에 이것은 당연하다.

즉, 내가 한 말을 어떻게 이해하는가는 손님이 이제까지 가지고 있는 정보로 결정되는 것이다. 세일즈에서 정보를 효율적으로 전달하려면 평소 단골손님과 정보교환을 늘려가는 것이 필요하다. 손님과 정보를 공유해 기는 것이다.

정보 공유화를 잘 진행시켜 온 것이 바로 일본 사회이다. 일본 사회는 『집단주의가 너무 강하다』 등의 여러 가지 비난을 받고 있다. 하지만 그것은 사원 간의 정보 공유화를 열심히 진행한 산물이라고 할 수 있다.

이전에 작가인 소노 아야코(曾野綾子)가 상당히 재미있는 경험을 이야기해주었다. 그녀는 어느 댐 건설현장을 방문했다. 거기서 우락부락한 사나이가 하는 설명을 무슨 소리인지 전혀 알아들을 수 없었다고 한다. 거의가 대명사인데다가 말 도중에 단어를 잘라버렸기 때문이다.

『저 회사는 한동안 울렸기 때문에 이번은 조금 돌보아 주어라.』

이정도라면 어느 정도 이해할 수 있다. 그러나 대부분의 말은 「저것」, 「이것」, 「그것」으로 통한다. 혹은 「조심해」라는 단어 하나만으로 뜻이 통한다. 일본어로 「조심해」라는 것은 여러 의미가 있다. 공사현장이라면 「다이너마이트를 장치했을 때에 충분히 주의해라」라는 의미가 될 수도 있고 「거기에 고압전류가 흐르므로 손대지 말라」라는 의미가 될 수도 있다.

　이처럼 추상적인 단어들이 사용되기도 하고, 때로는 대명사만 쭉 나열되기도 하지만 의사소통은 잘 이루어진다. 의미는 잘 통하는 것이다. 소노는 결국 댐공사 현장의 세계라는 것은 우리 세계와는 전혀 다르다고 쓰고 있다. 이 댐공사 현장이야말로 일본 사회 풍경의 전형이다. 그리고 정보 공유화를 진행시켜가는 결과가「저것」,「이것」으로 통하는 커뮤니케이션으로 나타난다.

　최근 일본인들이 해외로 진출함에 따라 마찰이 자주 일어나고 있다. 이 때 일본인 쪽에서 본다면 저쪽이 억지를 부리는 것처럼 보일지도 모른다. 그러나 상대방은 자신의 상식에 따라 행동하고 있으므로 억지를 부리고 있다고 생각하지 않는다. 이러한 차이를 해결하기 위해서는 평소에 서로 가지고 있는 정보를 가능한 한 공유할 수 있도록 하는 수밖에 없다. 물론 이 정보 공유화는 해외에 진출할 때뿐만 아니라 다른 집단 안으로 들어가려고 할 때에 반드시 요구되는 것이다.

　일본 사회는 무언중에 정보 공유화를 이루고 있다. 예를 들면 사원여행이 그것이다. 이것은 사원 전원이 가는 것이기 때문에 생각해 보면 집단주의의 으뜸인 셈이다. 또 회사 업무가 끝나 퇴근 무렵이 되면『이봐, 한잔 마시러 가자』라고 권유한다. 사원여행도, 술집에서 한잔하는 것도 정보 공유화를 위해 상당히 중요하다. 정보를 공유화하는 것이야말로 일본 사회의 강점 중의 하나이다. 손님과의 관계에서도 정보 공유화를 이루어가면 고객과의 관계가 더욱 단단히 맺어지는 것은 당연하다.

사풍에 따라 변하는 설득방법

요즘 일본에서는 엔고(円高)의 영향으로 해외에 지점이나 공장을 세우는 기업이 많아졌다. 그런데 일본 특유의 경영방식을 그대로 유지하면서 현지인을 고용하려고 해서는 좀처럼 잘되지 않는다. 트러블이 일어나 결국에는 꼬리를 내리고 철수하는 예가 끊이지 않는다.

해외에서 성공한 예로 자주 거론되는 곳이 야오한(ヤオハン)이라는 백화점이다. 나도 해외에 있는 야오한 지점을 방문한 적이 있었다. 그때 야오한 사장이 「세이쪼노우에(生長の 家)」의 신자이며, 어느 백화점에 가도「세이쪼노우에」의 방이 있다는 것을 알았다. 그래서 야오한 사원들은 짬짬이 그 방에 모여서「세이쪼노우에」에 대해 여러 가지 공부를 한다고 한다.

이 이야기를 듣고 나는 이것이 야오한 경영에 있어서 하나의 기둥이 된다는 것을 알았다. 현지 사원들은「세이쪼노우에」의 사고방식을 배우면서 야오한의 방식도 저절로 받아들인다.「세이쪼노우에」의 사고방식이 야오한의 사풍을 만들고 야오한의 사풍이「세이쪼노우에」를 믿는 사원을 만든다. 그렇기 때문에 야오한은 해외에 나가서도 현지 사원과 잘 해나갈 수 있다.

그러나 잘 생각해 보면 사원이 회사 사풍(社風)의 영향으로 말투나 행동까지 달라지는 것은 일본 사회에서 드문 것은 아니다. 특히 카리스마가 강한 사장의 경우에는 더욱 그러하다. 회사에는 각각의 사풍이 있지만 이것은 사장에 의해서 생겨나는 것이라 해도 과언이 아니다.

내가 이 사풍에 대해서 처음으로 흥미를 가진 것은 매우 오래 전부터이다. 제2차 세계대전이 한창일 때 나는 항공연구소에서 레이더 개발을 하고 있었다. 이를 위해 당시 각 전자회사로부터 기술자가 파견되어 공동작업으로 진행되었다. 따라서 여러 회사의 기술자들이 모였는데, 그들의 개성은 모두 회사에 따라 나뉘어졌다.

어느 회사의 기술자는 마치 학자같은 사람뿐이고 논리만을 따진다. 또 다른 회사는 현장 스타일로, 무엇인가 말하면『해보죠』라고 말한다. 레코드를 만들던 회사는 모두 예술가 타입으로 베레모까지 쓴 사람도 있다. 또 간사이(関西)의 어느 회사는 태도가 상당히 정중해 마치 은행원같이 공손하고 좀처럼 강하게 주장하는 모습을 볼 수 없었다.

이처럼 회사에 따라 사풍이 전혀 다르지만 생각해 보면 그들이 학생시절부터 이러한 개성을 가진 것은 아니다. 학생시절에는 모두 비슷한 모습으로 비슷한 행동을 한다. 그것이 회사에 입사해서 수년이 지니면 저절로 그 회사 사풍에 물들어 말투나 사고방식까지 변해버린다.

왜 이렇게 되는가 궁리하던 나는 드디어 사장의 방침이

사풍을 만드는 것이라는 생각이 들었다. 논리를 따지는 사원이 근무하는 회사는 원래 관청관계 일이 중심으로, 대학 등에 출입하는 일이 많다. 그렇기 때문에 논리적 경향이 강한 학자 타입의 화법을 쓴다. 그 정도로 회사의 방침이나 경영도 딱딱하다.

현장 스타일의 사원이 근무하는 회사는 생산되는 물품의 반 이상이 생활용품으로, 나머지가 발전소 플랜트 같은 것을 만들고 있다.

예술가 타입 사원의 회사는 원래 레코드나 음향기기 제조 회사이다. 간사이에 위치한 회사는 오사카 사투리가 있기 때문에 부드러우나 주력상품이 고도의 통신기기이기 때문에 도쿄 사람이 본다면 경직된 은행원 타입으로 느껴질 수 있다.

이것은 지금도 마찬가지이다. 공무원이라고 하면 확실히 꼼꼼하고 진지한 타입이 많다. 또 회사에 따라서 상당히 태

도가 겸손한 회사도 있는가 하면 학구적인 스타일의 회사도
있고 행동이 재빠른 회사도 있다.

　사내에서 인정받기 위해 노력하다 보면 회사 방침에 따라
야 하고 그렇게 되면 저절로 회사 방침에 영향을 받은 언동
을 익히게 되는 것이다. 결국 그 회사의 사풍을 알고 있으
면 어떤 기업에 속한 사람에게 물건을 팔려고 할 때 상대방
을 설득하는 단서나 힌트를 얻을 수 있다. 「사람을 보고 법
을 설명하라」라고 자주 말하지만 상대가 회사원들인 세일즈
에서는 「사풍을 보고 법을 설명하라」라고 말할 수 있겠다.

「정보」를 알지 못하면 설득할 수 없다

현대는 「정보화시대」라고 말한다. 지금까지 이 책에서도 손님을 설득함에 있어 정보가 어떻게 키포인트가 되는가를 이야기해 왔다. 그 「정보」에 대해서는 여기서 조금 정리해 두고자 한다.

우선 「정보이론」에 있어서 「정보」는 무엇인가. 정보라는 단어는 일본에서는 아직 익숙하지 않기 때문에 사전에도 엉터리 뜻밖에 씌여있지 않다. 전에도 어느 국어사전을 찾아 보았더니 정을 전하는 것이라고 씌여 있었다. 이게 무슨 소리인가, 도무지 모르겠다. 이런 때 비교적 도움이 되는 것이 해외 사전이다. 웹스터 사전을 찾아보니 다음과 같이 씌여 있었다.

「어떤 일이 일어나도 그 일에 대해서 정보를 손에 넣을 때까지는 그 일이 없었던 때와 같은 상태이다. 이것을 정보라고 한다.」

이 해석만으로는 무슨 소리인지 잘 모르기 때문에 하나의 예를 들어보자. 에도(江戸)시대에 아코(赤穗)의 무사들이 영주 아사노 다쿠미노가미(淺野內匠頭)의 원수를 갚기 위해 기라(吉良)의 저택을 습격한 사건이 있었다. 에도성의 거처에서 아코한(赤穗藩)의 영주 아사노가 기라 고즈케노스케(吉良上野介)를 칼로 친 것이 사건의 발단이 되었다.

그 동안에 아사노는 할복자살하게 되었다. 이것은 대사건이다. 현대 같으면 전화를 걸거나 전보라도 쳐서 알릴테지만 당시는 그런 것도 없었다. 그래서 파발꾼을 준비시켜 반슈아코(播州赤穗)의 효고(兵庫)현의 성까지 쏜살같이 달려갔다. 당시 기록을 보면 도착하기까지 4일 걸렸다고 한다.

이 4일간의 아코 사람들을 생각해보기 바란다. 영주는 곧바로 할복자살했다. 그런데 아코 사람들은 알지 못했다. 파발꾼이 도착할 때까지의 4일동안 아코 사람들에게 영주는 아직 살아있는 것이다. 그리고 파발꾼이 도착하자마자 영주가 죽은 것이다.

이처럼 어떤 일이 일어났다고 해도 그 일에 대한 정보를 입수하기 전까지는 그 일은 없는 것과 마찬가지 상태이다. 정보라는 것은 그것이 도착한 그 순간 환경을 변화시키는 힘을 갖는다. 동시에 도착하지 않으면 어떤 힘도 발휘하지 못한다.

이와 같이 정보의 정의는 상당히 어렵다. 그에 일본인은 적절한 표현을 만들어냈다. 「모르는 사람은 남편뿐이다」라는 말이다. 아내가 바람기가 있어 불륜을 일으켰음에도 불구하고 남편은 모른다. 남편은 부인과 함께 있을 때에는 아무것도 모르고 여느 때와 다름없는 기분으로 있는다. 정보가 무엇인지를 시사해주는 말이다. 이같이 설명하는 것이 가장 알기 쉬울 것이다.

다음으로 정보를 과학으로 취급할 때 어떻게 정보의 양을 측정할까 하는 것이다. 이 이론은 클로드 샤논(C. E. Shannon)이나 노버트 위너(Norbert Wiener)라는 수학자들이 만든 것인데, 매우 중요한 내용을 담고 있다.

보통 두꺼운 보고서일수록 그 속에 많은 정보가 들어 있다고 생각하기 쉽지만 아는 내용만 써 있다면 거기서 얻어지는 정보량은 제로인 셈이다. 반대로 보고서 내용이 단지 한마디여도 그것은 굉장한 정보가 될 수도 있다.

예를 들어 『당신은 모레 죽는다』는 한마디를 들었다고 하자. 그 한마디가 진실이라면 이것은 대단한 정보량에 해당한다. 즉, 그 사람이 알지 못했던 정보를 어느 만큼이나 전할 수 있는가가 바로 정보량을 측정하는 자(尺)이다.

다만 이 정보량을 측정하는 데 있어서 몰랐던 것이 들어 있는지 어떤지 하는 점만으로 측정하는 것은 아직 불충분하다. 정보량이란 우리들이 예상한 것을 어느 만큼 변화시킬 수 있는가 하는 점으로 측정해야 한다. 우리들이 미래에 대해 예측했던 것을 어느 정도 뒤집을 수 있는가 하는 정보량의 측정에 대해서는 일기예보가 하나의 좋은 예를 나타낸다.

가령, 매일매일 비가 내리고 있을 때에「내일은 비」라는 날씨예보를 해도「또야?」라고 생각해버린다. 예측이 그다지 틀리지 않았기 때문이다. 그에 비해「오랜만에 맑겠다」라고 하면 거기에 포함된 정보량은 상당히 많다고 할 수 있다. 이제까지의 예측이 완전히 달라졌기 때문이다.

조금 전의 이야기에서 사용된「너는 모레 죽는다」라는 정보는 자신은 아직도 살아있다고 생각하고 있는 사람에 대한 것이다. 살아있을 것이라는 예측이 완전히 뒤집힌다. 그렇기 때문에 정보량이 대단히 많아지게 되는 것이다.

이제는 정보의 양을 어떻게 측정하면 좋은지 여러분도 깨달았을 것이다. 그것은 확률의 세계이기도 하다. 내일은 이러한 일이 일어나겠지라고 우리들이 미리 예상했다고 하

자. 그것이 새로운 정보를 입수함에 따라 어느 정도 변해가는가? 이것이 변하는 비율에 따라서 정보의 양을 정의하는 것이「정보이론」이다.

결국, 내가 말하고 싶은 것은 정보는 독이 될 수도 있고 약이 될 수 있다는 점이다. 손님에게 정보를 지나치게 주면「거부반응」을 나타내기도 한다. 또는 손님이 바로 이때라는 듯이 달려들 수도 있다. 손님을 설득할 때 정보량의「처방전」을 알맞게 조정하는 것이 중요하다.

「정보량이 많다＝가치가 있다」?

　　TV나 신문에 등장하는 광고는 강력한 선전 효과를 나타
낸다. 그때 광고 안에 무엇을 쓸까――이것은 광고를 계획
하는 사람에게는 언제나 괴로운 문제이다. 누구나가 다 알
고 있는 것을 그대로 쓴다면 정보량은 제로이다. 아무도 몰
랐던 것을 어느 정도 쓸까? 이것이 문제이다.

　　정보량이라는 것은 많으면 많을수록 좋은 것이 아니다.
지나치게 많으면 따라가지 못한다고 한다. 사실 그 말 그대
로이다. 여기서 정보에 대한 중요한 기준이 나온다.

　　정보의 가치를 어떻게 측정하는가 하는 척도를 생각해 보
자. 정보량이 많다고 해서 가치가 있다고는 할 수 없다. 구
체적인 예를 들어보겠다. 일찌기 제2차 세계대전에서 일본
이 미국과 전쟁을 시작한 것은 1941년 12월8일 진주만 공격

에서였다. 여기서 운명의 날 12월8일 이전에 일본군이 진주
만의 미국 태평양함대를 공격한다는 정보가 들어왔다면 이
것은 대단한 정보량에 상당한다. 문제는 그 정보 가치는 전
해지는 상대에 의해서 변한다는 점이다.

만약 그때 무언가 잘못되어 어딘가 깊은 산속에서 사람과
완전히 접촉하지 않고 살고 있는 사람에게 전해졌다고 하
자. 그렇게 되면 이것은 정보량은 크지만 「아아! 그런가」
하고 끝나버린다. 이 정보가 당시 미국 대통령인 루스벨트
(Franklin Roosevelt)에게 전해졌다면 굉장한 가치가 나온
다. 결국 정보의 가치는 같은 정보라고 해도 전해지는 상대
에 따라 완전히 달라진다.

또 한가지 중요한 것은 타이밍이다. 일본군이 진주만을
공격하기 1분 선에 내통령에게 그 정보기 전해졌다면 정보
량은 크지만 가치는 거의 없다. 진주만의 미국 태평양함대
에게 일본군의 기습을 전할 여유가 없기 때문이다. 하지만

1시간 전에 전해졌다면 그 가치는 상당히 높아진다. 만반의 준비를 갖추고 기다릴 수 있게 되어 일본군의 기습공격은 불가능해진다. 전날 전해졌다면 역사는 바뀌었을지도 모른다. 미국 태평양함대는 진주만을 나와 일본함대에 역으로 기습할 수도 있기 때문이다.

이처럼 전해지는 사람, 타이밍에 따라서 정보의 가치는 변한다. 정보의 가치라는 것은 정보 그 자체에 있는 것이 아니다. 그것을 받은 사람의 행동이 어떻게 변하는가에 따라 정보의 가치는 결정되는 것이다.

손님을 잘 이해시키기 위한 용장도 가감법

　여기서「정보이론」에 대한 이야기를 하나 더 해두고자 한
다.

　손님을 설득할 때 정보만 전하는 것은 좋지 않다.　정보만
을 밀어 넣어서는 손님이 숨이 막힌다.

　「정보이론」에서는 용장도(冗長度)라는 상당히 중요한 개
념을 가르치고 있다.　가령 일본어는 상당히 용장하다.　용장
도란 어떤 의미를 상대에게 전할 때 쓸데없고 불필요한 내
용이 어느 정도 있는가 하는 것이다.　필요한 최소한의 말밖
에 하지 않을 때에 용장도는 제로라 생각할 수 있다.

　내개 사람들은 필요한 말 이상을 사용한다.　즉 불필요한
단어가 잔뜩 들어있는 것이다.　이것을 용장도가 높다고 한
다.　한 연구결과에 따르면 일본어의 경우 용장도는 약 42%

라고 한다.

이같이 이야기하면 될 수 있는 한 용장도가 낮도록 이야기해야만 한다고 생각할지도 모른다. 그런데 세상에는 처음 봤을 때 불필요하게 보여도 실제로는 중요한 것도 있다. 용장도가 높은 것도 필요하다. 용장도가 높으면 상대방의 메시지를 다소 빠뜨리고 들어도 그 내용을 정확하게 이해할 수 있다.

용장도가 제로에 가까운 문장의 전형은 전보이다. 가령 「송금 부탁한다」라는 전보를 보자. 확실히 이것은 단어 수가 적고 불필요한 내용이 없다. 그 대신 하나라도 문자가 틀리거나 빠뜨리고 받는다면 의미를 알 수 없게 된다.

내가 학생시절때 상당히 어려운 강의를 하는 교수가 있었다. 내용은 실로 훌륭해서 틀림없이 중요한 설명을 하고 있었지만 듣고 있는 쪽은 조금도 이해할 수 없었다. 그래서 솔직하게 불평을 말한 적이 있다.

『교수님의 강의는 상당히 알기 어렵습니다. 좀더 쉽게 강의해 주세요.』

그랬더니 교수님은 이렇게 말씀하셨다.

『아니, 그럴 필요는 없다. 내가 말한 것에는 불필요한 내용이 하나도 없다. 내가 말한 것을 전부 써봐라.』

확실히 그 교수는 불필요한 말은 하지 않는다. 그 대신 한마디라도 빠뜨리고 들으면 그 뒤는 전부 알수 없게 된다. 그래서는 듣는 쪽이 피곤하다. 그렇기 때문에 무슨 소리인지 알 수 없게 되고 어렵게만 들린다.

강의에 익숙한 선생의 말에는 용장 요소가 잔뜩 들어있다. 이쪽, 저쪽에 불필요한 말이 들어있다. 그렇기 때문에 졸고 있어도 전부 알 수 있다. 결국 상대방에게 메시지를 보낼 때 중요한 것은 용장도를 어떻게 조절하는가이다. 손님에게 물건을 판매하려고 설득하는 경우에도 마찬가지이다. 지나치게 용장도가 낮으면 손님은 무뚝뚝하다는 인상과 더불어 무슨 말인지 알 수 없게 된다. 용장도가 어느 정도 있도록 쓸데없는 이야기를 섞어 말하는 것이 좋다.

관공서의 문서가 대체로 딱딱하고 재미없는 것도 용장도가 낮기 때문이다. 관공서에서는 문장을 다듬고 다듬어서 문서를 작성한다. 그렇게 되면 불필요한 문장은 없어진다. 나중에는 마치 향기가 없어진 차같이 싱거운 문장이 되어 버린다. 이런 문장은 직접 쓴 본인조차 무슨 소리인지 알 수 없게 되는 경우도 있다.

나는 텔레비전에 나가 이야기할 때가 가끔 있지만 나의 이야기는 알기 쉽다는 이야기를 자주 듣는다. 내가 이야기를 잘하는 것이 아니다. 끝에 반드시 결말을 내기 때문이다. 『오늘은 이러한 것을 이야기했습니다』, 『이 부분이 중요합니다』라고 하면 시청자는 이야기를 다 이해한 듯한 기분이 드는 것이다. 강연회 때에도 나는 반드시 이러한 결말을 낸다. 모든 내용을 다시 한번 이야기하기 때문에 용장도

가 매우 높아진다. 그러나 이것이 알기 쉽게 이야기하고자
할 때 중요한 점이다.

    손님에 대해서 용장도를 어느 정도로 할 것인가 할 때 유
명한 문학자가 쓴 문장을 읽으면 좋다. 그 문장들은 용장도
덩어리이다. 그렇기 때문에 독자에게 기분을 잘 호소할 수
가 있는 것이다.

중국 회사의 영어 계약서

　나는 미국과 일본의 무역 마찰, 또는 기타 외국과의 무역 문제에 대해 지금까지 여러 형태로 손을 댔다. 이때 가장 곤란한 것은 같은 단어를 사용해도 상대가 다른 의미로 이해하는 것이다. 나는 A의 의미로 말했지만 나중에 『너는 B라고 말했지』라고 한다. 완전히 다른 의미로 상대가 이해하는 것이다. 그래서는 곤란하기 때문에 각서라는 것을 만들지만 각서 자체의 해석도 서로 달라서 곤란하다.

　전에 대만에 갔을 때 들었던 이야기다. 최근 대만 기업은 중국 본토에 계속 진출한다. 그때 중국 본토의 회사 또는 관청과 계약서를 체결할 때에는 반드시 영어로 쓴다는 것이다.

　양쪽 모두 중국인이므로 중국어로 쓰면 좋지 않은가 하고 질문했더니 그것은 안된다고 한다. 왜냐하면 중국에서 사용하는 한자는 상당히 오랜 역사를 가지고 있기 때문에 같은 문자라도 여러 해석이 가능한 경우가 있다는 것이다. 『중국어로 계약서를 쓰면 어떻게 해석이 되는지 알 수 없어 위험하다. 영어로 쓰는 쪽이 안전하다』라고 말한다.

그렇게 들어보면 영어 법률용어는 로마시대 법률이래 상당히 오랜 전통을 가지고 있다. 그렇기 때문에 영어로 써두면 우선 틀림이 없을 것이다.

애매한 단어를 사용하지 않는 것은 손님을 설득하는 경우라도 마찬가지이다. 설령 같은 나라의 국민들끼리 이야기할 경우에도 애매한 단어를 사용하는 바람에 이쪽의 의도를 상대방이 완전히 다른 의미로 받아들이는 경우도 일어날 수 있다. 애써 물건을 팔아도 나중에 분쟁이 생기는 원인이 되기도 하고 신용을 잃게 되는 경우도 있다.

정보의 중요성을 증명한 가미가제렌의 난

　최근 일본기업의 해외 진출이 상당히 늘어나고 있다. 대기업은 물론, 중소기업에서도 해외로 진출해서 현지 사람들과 함께 일하는 경우가 많다. 이때 언제나 문제가 되는 것이 문화의 차이(Culture gap)이다. 어느 쪽이 옳으냐, 그르냐 하는 것은 통하지 않는다. 문화의 가치관이 서로 다르기 때문이다.

　이 가치관의 차이는 해외뿐만 아니라 일본 국내에서도 지방에 따라 존재한다. 메이지 정부가 일본을 통일했을 때 제일 먼저 문제가 됐던 것이 이 가치관이다. 옛날에는 번(藩)마다 나뉘어져 정치가 이루어졌기 때문에 번에 따라 가치관이 상당히 달랐다. 메이지 정부는 어떻게든 커뮤니케이션을 꾀하려고 대단히 노력했다. 다행스럽게도 메이지 정부

내에 실로 선경지명이 있는 사람이 있어서 정부사업의 가장 첫번째로 통신회선을 일본 전국에 설치하는 작업을 했다.

　그때 구마모토(熊本)에서 가미가제렌(神風連)의 난이 일어나 구마모토에 있었던 부대의 장, 지금으로 말하면 군사령관이 살해되었다. 그때 그의 애인이 도쿄에 친 유명한 전보가 있다. 「주인은 갈 수 없다. 나는 부상.」이 한마디로 사령관은 살해되고 자신은 부상을 당한 것을 알려줄 수 있었다.

　만약 통신회선이 없었다면 구마모토에서 일어난 사건이 도쿄에 도착하는 데는 적어도 10일 이상 걸렸을 것이다. 이 난은 다행히 다음날에 진압되었지만 통신회선 덕택으로 시시각각 그 영지의 상황을 알 수 있었다. 일본 내에 통신회선을 끌어들인다는 것은 당시 일본정부의 뛰어난 판단이었고, 그 덕택에 난에도 대처할 수 있었다.

　그 후 노일전쟁의 승패를 갈랐던 해전 때에도 유명한 이야기가 있다. 러시아 발틱 함대를 꼭 격멸시켜야 하는데, 어디서 오는지 그 항로를 예측할 수 없었다. 만약 예상과 다른 곳에서 나타나면 대기하고 있던 일본함대는 아무 쓸모도 없게 된다. 그래서 정찰대를 띄웠다.

이들 배에는 모두 이탈리아의 마르코니(Marconi)가 발명해서 막 사용하기 시작한 무선기를 실어 두었다. 이것은 마르코니의 무선이 대서양 횡단에 성공하고 불과 4년후였다. 이 무선이 있었던 덕분으로 초선 신노미루(信濃丸)는 발틱 함대를 발견해 곧 연합함대가 나갈 수 있었던 것이다. 이때 발틱 함대에는 아직 무선이 설치되어 있지 않았다고 한다.

이 이야기에서도 알 수 있듯이 현대사회라는 것은 정보를 어떻게 전달하는가 하는 수단이 중요하나. 이것은 거리를 완전히 극복한 도구이다. 그렇기 때문에 일본에서는 최근 멀티미디어가 화제가 되고 있다. 이야기가 설득의 기술에서 조금 빗나갔으나, 정보이론, 이것은 「판매왕」이 됨에 있어 판매의 상식으로 알아두기 바란다.

미국의 설득기술이 일본에서 통용되지 않는 이유

나치 독일의 번성기때 이야기다. 괴벨스(Goebbels)라는 선전상이 나타나 울적한 국민감정을 부추겨 국민들을 설득했다. 미국이나 영국 등 제3자가 냉정하게 보면 상당히 이치에 맞지 않는 말을 했지만 대중은 나치 총통, 히틀러(Adolf Hitler)를 찬양하고 그가 말한 것은 옳다고 믿었다.

히틀러는 정치가에게 가장 필요한 것이 「설득의 기술」이라는 것을 알고 있었다. 그는 단순한 즉흥적 착상이 아닌 의도적으로 심리학자를 동원해 설득의 기술을 개발했다. 이 설득의 기술이 얼마나 교묘하고 동시에 위력을 가지는지는 독일이 히틀러에 질질 끌려서 내부분 저항없이 파멸의 길을 걸어간 것을 보아도 알 수 있을 것이다. 이것에 대해 미국에서도 독일에 대항하기 위해 설득이라는 것이 필요하게 되었다. 미국에서도 마찬가지로 심리학자를 동원해 설득의 기술을 개발했다. 미국에서는 설득에 관한 문헌이 제2차 세계대전 후에 매우 많이 나왔다.

그런데 제2차 세계대전이 끝났을 때 미국은 점령하의 일본에 대해서도 스스로 개발한 설득의 기술을 적용하려고 생각했다. 이제까지의 연구 성과를 여러 방면으로 시험해 보았지만 미국에서는 성공한 설득 방법이 일본에서는 그다지 도움이 되지 않았다. 여기에 중요한 점이 있다.

물건을 만드는 경우는 상대가 물품이기 때문에 미국에서 성공한 방식과 똑같이 하면 일본에서도 같은 물건이 완성된다. 그러나 물건을 파는 일은 상대가 인간이다. 「각양각색」, 「사람을 보고 법을 설명하라」 등 옛날부터 여러 이야기가 있듯이 상대에 따라 설득 방법이 달라지지 않으면 안된다. 태어나서 자란 환경이 완전히 다른 상대방에게 자신들과 같은 방식으로 하려 하면 통용되지 않는 것은 당연하다.

나라나 민족이 다르면 사고방식이 다른 케이스는 무수히
있다. 예를 들면 최근 세계 정세에서 가장 위험한 화약고
중 하나는 이슬람이다. 지금도 이슬람교와 그리스도교의 대
립은 끝없이 계속되고 있다. 천성이 다른 것이 아니다. 사
고방식이 다르면 좀처럼 협조가 불가능하다. 이것을 염두
에 두지 않으면 아무리 훌륭한 설득의 기술을 사용해도 상
대방에게는 전혀 통하지 않는 경우가 발생할 수 있다.

개인 대상의 「세일즈」, 기업 대상의 「즈일세」

손님에 따라 달라지는 판매방식

항간에 팔리고 있는 제품이나 서비스를 살까 어쩔까를 결정하는 것은 결국 인간이다. 소비자는 도대체 그 제품의 어디에 매력을 느끼는가? 「이것을 사자」라는 최후의 결단은 어떻게 해서 행해지는가? 여기에 이유는 없다. 그보다는 일종의 발작과 같은 것이다. 「구매발작설」에 대해서 앞에서 이야기했다. 그렇기 때문에 설득의 기술이란 것이 판매에서는 대단히 중요하다.

그런데 장사에는 크게 나눠서 두 가지 종류가 있다. 한 가지는 개인에게 물품이나 서비스를 파는 경우이고 또 하나는 관공서나 기업인 단체에 파는 경우이다. 어느 쪽을 상대로 하는가에 따라서 판매방식은 완전히 달라진다.

그래서 이 두 가지를 구별하기 위해 개인에게 판매하는

경우는 「세일즈」, 관공서나 기업에 판매하는 경우는 이것을 거꾸로 읽어 「즈일세」라고 하기로 하자. 이 즈일세라는 이름은 내가 존경하는 친구 나카하라 쿤페이(中原勳平)가 생각한 단어이다. 세일즈와 즈일세는 손님이 살 것인가 말 것인가를 결정할 때의 의사결정 방법이 전혀 다르다. 그러면 즈일세라는 것은 어떠한 것인가 구체적인 예를 소개하겠다.

과거, 현재의 천황이 황태자 시절의 일이다. 황태자가 사는 궁궐을 만들기 위해 각 건설회사를 모집해 입찰시켰을 때 어느 회사가 1만 엔으로 입찰했던 사건이 있었다. 입찰은 가장 싼 업자에게 발주하는 것이 룰이지만, 1만 엔이라는 액수는 지나치게 싸다. 당연히 소동이 일어났다. 결국 1만 엔으로 입찰한 업자는 사퇴하게 하고 몇 개의 건설업자가 공동으로 건물을 짓는 것으로 매듭지었다. 최저가격으로 입찰한다고 해서 반드시 낙찰된다고는 할 수 없다. 이것이 즈일세가 세일즈와 다른 점이다.

개인 손님인 경우, 즉 세일즈에서는 『이 자동차의 판매가
격은 100만 엔이지만 당신만은 특별히 1만 엔으로 드리겠습
니다』라고 말을 꺼낸다면 그는 필시 살 것이다. 자신의 호
주머니에서 돈을 내는 경우에는 싸면 싼 만큼 사는 쪽이 고
맙다.

그런데 궁궐 건설의 경우, 상대는 관청이고 어느 업자에
게 발주할까를 결정하는 것은 공무원이다. 업자에게 지불하
는 돈은 물론 자신의 돈이 아니기 때문에 아무리 싸도 득이
되는 것은 없다. 그보다는 오히려 견적이 엉터리라는 비난
을 받을 소지가 있기 때문에 1만 엔은 곤란하다. 물론 이
경우 1만 엔이라는 액수는 매우 싸지만, 일반적으로 낙찰
이라는 것은 싸다고 만사 O. K. 라고는 할 수 없다. 공무원
이 처음에 세운 예산에 약간 못미치는 정도가 가장 좋은 것
이다.

가령 공무원이 최초로 세운 예산의 절반으로 입찰하였다

고 하자. 그러면 그 공무원은 근거 없는 견적을 냈다고 입장이 곤란해진다. 가장 곤란한 것은 내년도 예산을 세울 때 전번에는 견적의 절반으로 가능했던 실적이 있으면 그 숫자가 장래에도 영향을 준다는 점이다. 작년에는 이 정도 선물을 건설할 때 5억 엔으로 가능했다면 올해도 5억 엔으로 괜찮지 않은가라고 예산이 깎여버린다. 그렇기 때문에 1만 엔으로 궁궐을 짓는다고 하면 『구매를 잘했다』라고 칭찬을 받기는 어려울 것이다. 이것이 공무원의 세계이고 즈일세를 함에 있어 알아두지 않으면 안되는 것이다.

그렇기 때문에 이 경우 1만 엔으로 궁궐을 지어도 이익을 얻는 사람은 아무도 없다. 우선 첫번째로 1만 엔으로는 원가 이하로 떨어져 건설회사는 큰 적자를 보게 된다. 그래도 이것은 각오하고 써낸 가격이기 때문에 그럭저럭 괜찮을지도 모른다. 그러나 궁내청(宮內庁)의 공무원은 자신이 만든 견적과 전혀 동떨어진 가격으로 입찰되어서 면목이 없게 된다. 또한 그 궁궐에 살게 되는 황태자도 『저 건물은 1만 엔으로 지어졌다』 등의 말이 들리면 기분이 좋지는 않을 것이다.

즉, 즈일세에서는 가격을 싸게 하면 싸게 한 만큼 손님이 기뻐하며 사주는 것이 아니다. 공무원에게 있어 지불하는 돈은 어차피 자신의 돈이 아니다. 그래서 가격이 싼 것보다도 자신의 체면이 서는 쪽이 중요하다. 어떤 좋은 조건으로 말을 꺼내도 그것이 상대방의 면목을 상하게 하는 것이라면 상대방은 결코 수긍해주지 않는다.

이 즈일세의 논리는 관공서만이 아니라, 기업을 상대로 하는 경우에도 마찬가지이다. 그러면 이제부터 이러한 즈일세를 할 경우 어떠한 점에 주의하지 않으면 안되는지 여러 가지 실례를 들면서 설명하겠다.

기업을 상대로 할 때는 담당자의
체면을 손상시키지 않는다

　어느 큰 인쇄회사의 사장으로부터 들은 이야기이다. 이 사장이 어느 유명한 레코드회사의 사장과 함께 골프를 쳤다. 이 인쇄회사와 레코드회사는 10년 전에는 거래가 있었지만 지금은 전무한 상태였다. 그래서 인쇄회사의 사장은 레코드회사의 사장에게 『실은 우리는 귀사와 거래가 없습니다. 이번 기회에 아무쪼록 거래가 이루어졌으면 합니다』라고 말했다.

　그러자 레코드회사의 사장은 놀라서 『귀사와 같이 훌륭한 회사와 거래가 없는 것은 이상합니다. 회사에 돌아가면 즉시 이야기하죠』라고 해서 10년 만에 거래를 재개하게 되었다. 그렇지만 이 거래는 성사되려는 마지막 순간에 그만 수

포로 돌아가고 말았다.

이전에 거래 실적이 있었는데도 현재 거래가 이루어지지 않는 데는 이유가 있었다. 10년 전 이 인쇄회사가 레코드회사에 납품한 인쇄물에 하자가 발생했다. 인쇄물의 경우 상대로부터의 클레임을 인정하게 되면 인쇄비는 물론 지대까지 인쇄회사가 부담하지 않으면 안된다. 특히 레코드 재킷의 지대는 인쇄비보다도 훨씬 비싸기 때문에 회사로서는 막대한 손실이다. 그래서 이 인쇄회사에 있는 한 베테랑 사원이 이 이야기를 듣고『좋아, 내가 해결하고 오겠다』하고 나갔다.

조사해 보니 인쇄회사 쪽에도 실수가 있었지만 레코드회사의 지시에도 다소의 실수가 있었다는 것을 알게 되었다. 그래서 인쇄회사의 베테랑 사원은『이것은 레코드회사의 지시대로 인쇄한 결과 일어난 실수다. 그러므로 이것으로 문제가 생겨도 이쪽 책임은 아니다』라고 주장했다. 결국 이

베테랑 사원의 주장대로 인쇄회사는 손실을 최소한으로 막아내는 데 성공했다. 그러나 이 사건 이후로 레코드회사로부터 주문이 들어오지 않게 되었다.

이것이 10년 만에 사장끼리의 논의로 겨우 「수교 회복」이 가능하게 되었지만 마지막 순간에 이그러진 것은 당시의 담당자가 아직 레코드회사 창구에 있기 때문이었다. 그는 이 10년 간 출세도 하지 않고 쭉 같은 부서에서 일을 하고 있었다. 필시 그만큼 능력이 없었을 것이다. 그러나 본인은 그 사건 때문에 자신이 출세할 수 없었다고 굳게 믿고 있었다.

그렇기 때문에 10년 만에 거래를 재개한다고 준비가 진행되었지만, 그 남자가 여러 가지 방해를 했다. 주위 사람도 사성을 알고 있있지만 두려워 손을 대지 않았다. 그래서 이 「수교 회복」은 깨지게 되었다.

「이것을 담당자가 특별히 끈질긴 남자였기 때문에 일어난 불행한 사건이다」라고 결말을 내버린다면 이 사건에서는 아무것도 배울 게 없다. 나는 그 남자가 특별히 집념이 강하기 때문에 일어난 사건이라고는 생각하지 않는다. 확실히 상대방이 개인이었다면 10년 전 사건 따위는 사과를 잘하면 다시 거래가 이루어지고 물건을 판매할 수 있을 것이다. 『아니, 그때는 저도 잘못했지요』라고 웃으면서 물 흐르듯 흘려버릴지도 모른다.

그런데 상대방이「한 기업의 창구 담당자」라는 공인의 입장에 있는 경우라면 이야기는 전혀 다르다. 이 레코드회사 담당자는 실수를 지적받은 데다가 회사에 손해까지 입히게 되어 사내에서 체면이 서지 않게 되었다. 게다가 그 탓으로 출세가 늦어졌다고 생각하고 있다. 그에게 있어서 이 인쇄회사는 말하자면 일생을 망가뜨린 증오의 대상인 것이다. 10년이 지났다고 해서 흘려버릴 수 있는 것이 아니다.

인쇄회사는 그 회사 이외에도 얼마든지 있다. 게다가 조

그만 개인상점이라면 몰라도 큰 회사가 되면 사장이 말했다고 해서 현장에 무리하게 강요할 수는 없다.

현장 담당자의 체면을 짓밟으면 두번 다시 불러주지 않는 것이 즈일세라는 것이다.

즈일세에서는 현장 담당자가 어느 업자에게 발주하려고 결정할 때 그 판단기준이 되는 것은 우선「사내에서 불평이 나오지 않을까」,「출세에 플러스가 되는가」등이다. 저렴한 가격에 타사보다 좋은 제품이어도 사내에서의 입장이 난처해지거나 하는 등의 자신에게 불이익이 초래될 가능성이 있다면 그 업자를 선택하는 일은 거의 없다. 즈일세를 할 때 이 점을 잊어버리면 아무리 말의 기교로 상대를 설득해 봐도 성공할 수 없다.

삼류상품이라도 팔아넘기는 즈일세 요령

 내가 전신전화공사, 즉 현재의 NTT에 있을 때의 일이다. 그 곳에서는 연말이 되면 일손이 부족하게 되어 납품되는 물품 검사를 할 때 자주 다른 부서의 지원을 부탁한다. 다음은 내가 어느 무선기 검사의 지원을 갔을 때의 일이다.

 검사를 해보니 그다지 품질이 좋지 않아서 무선기를 불합격시켰다. 불합격시키면 납품해온 회사가 미비한 점을 고쳐서 다시 가지고 온다. 그러나 고쳐진 것을 검사하니 그다지 좋아지지 않았다. 그래서 재차 불합격시켰다. 다음에 고쳐진 것도 나아진 게 없어서 상대업자에게는 미안했지만 결국 세번째 검사에서도 불합격시켜버렸다.

 이렇게 3회나 불합격된 물품을 작업 현장에서 사용하게 되면 현장 쪽에서도 큰일이다. 이 업자는 너무 심하다는 생각이 들어 나는 조달창구의 담당과장에게 가서『저런 물품을 만드는 회사는 필요없다. 당장 그 회사에서 물품 구입하는 것을 그만두는 것이 좋겠다』라고 이의를 제기했다.

그러자 그 담당과장은『저 회사 물건이 품질은 조금 나쁠지도 모르지만 현장에서의 평판은 매우 좋다』라고 말했다. 담당과장이 그렇게 이야기했지만 그래도 계속해서『저 회사는 곤란하다』라고 끈질기게 이야기하자『당신은 저 회사에 개인적인 원한을 가지고 있는 건 아닙니까?』라고 하며 아프지도 않는 배를 일부러 더듬어 아픈 곳을 찾는 것 같다고 하였다. 그래서 나는 이번에는 직접 현장으로 가서 이 회사의 평판을 묻고 다녔다.

그 결과 확실히 이 회사는 작업 현장에서의 평판은 굉장히 좋았다. 물품은 그만큼 좋지 않았음에도 도대체 어째서일까 물어보았다.

전신전화공사로 납품된 기계에서 뭔가 이상이 발견되면

그 제조회사를 부르게 되어 있다. 그러면 제조회사측은 전신전화공사라고 하는 중요한 관공서를 상대하는 것이기 때문에 특히 우수한 기술자를 보낸다.

제조회사의 기술자가 현장에 가보면 제품에는 문제가 없지만 사용방법이 틀렸기 때문에 트러블이 일어난 경우도 당연히 있을 수 있다. 그러면 그 기술자는 화를 내며 『이렇게 사용하면 고장나기 마련이지요』라고 불평을 말하기 시작한다.

전신전화공사의 현장 사람도 물론 기술자이기 때문에 그런 것을 듣고 가만있지는 않는다. 그래서 이론싸움이 시작되지만 제조회사의 기술자는 자신의 회사에서 만든 제품이기 때문에 내부구조의 구석구석까지 알고 있다. 이론싸움이 되면 당연 제조회사의 기술자가 이긴다. 그러나 그 결과 어떻게 되는가 하면「저 회사는 건방지다」가 되어 평판이 떨어진다. 전신전화공사의 각 현장에서는 이러한 트러블이 이쪽저쪽의 회사 사이에서 많이 일어나는 듯하다.

그런데 이번 내가 3회 불합격시킨 회사의 기술자는 현장 사람이 말하는 것을 절대 반박하지 않는다. 가령 공사측의 사용방법에 문제가 있어도 그것으로 불평을 말하거나 하지 않는다. 『상당히 유익한 말을 들었습니다. 앞으로 참고하겠

습니다』라고 말하고 이상이 생긴 부분을 고쳐주고 돌아간다. 그러면 현장 사람도 화가 나지 않기 때문에 이 회사의 평판이 상당히 좋게 된다. 그래서 다시 다음에 제품을 발주할 때에도 「저 회사제품을 사용하자」고 하게 되는 것이다.

나의 경험으로는 세계 일류회사라고 불리는 회사에 한해서, 전신전화공사 현장에 가면 그다지 평판이 좋지 않다. 게다가 수리하러 온 일류기술자들이 본사에 돌아가면 어떠한 보고를 할까?『전신전화공사는 현장 기술수준이 상당히 낮습니다. 그렇게 사용하면 고장나기 마련입니다. 제품에는 문제가 없습니다. 제가 잘 설명했기 때문에 두번 다시 이와 같은 문제는 일어나지 않을 것입니다』라고 이야기한다. 이러한 보고서를 받고 「우리 제품에는 문제가 없다」라고 안심하고 있는데 두번 다시 주문은 들어오지 않는다.

나는 손님의 마음에 들기 위해서는 무엇이든 간사스러운 말이라도 해서 아첨을 하라고는 말하지 않는다. 그러나 즈일세의 경우 트러블의 원인이 어느 쪽에 있는가 하는 것은 2차적인 문제이다. 트러블의 원인을 해명하는 것은 연구자에게 있어서는 중요한 일인지도 모르지만 이 경우 제조회사측 기술자는 어디까지나 손님에게 상품을 파는 쪽이다. 손님에게 불쾌한 생각을 들게 하면서까지 진실을 따질 필요는 없다.

관공서나 기업을 상대로 하는 즈일세의 경우 우선 첫번째로 생각해야 할 것은 상대의 체면을 손상시키지 않는다는 점이다. 현장 사람과의 이론싸움에서 이겨서 손해를 보는 것은 다음부터 주문을 받지 못하게 되는 회사쪽이다.

꽃보다 열매를 따라

즈일세를 몰라서 모처럼 훌륭한 제품을 개발하면서도 판매하지 못하는 회사도 있다.

과거, 옛날 국철에서 미가와시마(三河島)사고라는 것이 일어난 적이 있다. 열차 운전수가 신호를 무시하는 바람에 백수십 명이 죽은 사건이다. 마침 그 때 어느 커다란 전기회사가 ATS(Automatic Train Stop, 열차자동정지장치)라는 것을 발명했다. 운전수가 신호를 무시해도 자동적으로 열차가 정지하는 장치로 세계에서 가장 앞서 개발되었다. 어느 사철(私鐵)과 공동개발해서 실험도 성공적으로 마친 찰라에 때마침 이 사고가 일어났다.

그래서 이 회사의 광고부는 옳거니 이때다 하며 신문기자에게 ATS 개발에 성공한 것을 발표했다. 『저희 회사에서는 열차자동정지장치라는 것이 있습니다. 이것을 사용하면 신호 무시로 인한 사고는 절대 일어나지 않습니다』라고 했다. 이 내용은 특종으로 다루어져 톱기사로 크게 보도되었다.

결과는 어떻게 되었을까? 그 회사가 개발한 ATS는 국철(國鐵)에 팔지 못했다. 이것은 즈일세라는 점을 생각하면 당연한 결과라 할 수 있다.

ATS 완성 뉴스 때문에 국철 기술자들은 『저런 회사에서도 만들었는데 너희들은 무엇을 하고 있었나』라고 위에서부터 질책을 받게 되었다. 그러자 질책받아 불쾌해진 연구소 사람들은 저 정도는 「나도 할 수 있다」라며 체면을 걸고서 자기들 스스로 개발하려고 한다. 그렇게 되어 ATS가 완성되었다는 것을 알아도 결코 그 회사에 주문하지 않는다.

그러나 이때 만약 그 회사가 제품의 20%쯤 완성했다고 신문기자에게 이야기하거나 국철 연구소에 가서 『우리는 이러이러한 연구개발을 하고 있지만 역시 풋나기라서 잘되지

않습니다. 국철 여러분의 도움을 받고 싶습니다』라고 이야
기하면서 그 기술을 연구소에 팔려고 했다면 어떠했을까?
연구소 기술자들은 사고로 곤란한 입장이었기 때문에 『아,
그렇습니까? 그러면 가르쳐 드리지요』라고 하며 그 기술을
채용해 줄 것이다. 국철 기술자들은 자신들이 이것을 개발
했다고 뽐낼 수도 있고 판매회사측은 국철에 제품을 팔아넘
기게 되어 양쪽 모두 잘될 수 있다.

　어떤 좋은 제품을 개발했다고 해서 팔린다고는 장담할 수
없는 것이 즈일세의 어려운 점이다. 개인을 상대로 하는 세
일즈의 경우는 자기 회사의 제품은 세계제일이라든지, 이것
은 세계 최초의 제품이다 따위의 광고를 하면 소비자에게
강한 인상을 주게 되고 판매에도 많은 도움이 될 것이다.
그렇지만 관공서나 기업을 상대로 하는 즈일세의 경우에
는 자사 제품보다도 먼저 손님을 치켜 세워주는 것이 필요
하다.

일반적으로 개인 소비자는 어느 회사 제품이 좋은가 잘
알지 못하기 때문에 뭔가 상을 받았다거나 세계에서 톱이라
고 매스컴에서 크게 다루면 『과연, 그렇구나』 하며 그것을
산다. 회사측도 그것을 잘 알고 있기 때문에 신제품 발표회
에서는 매스컴에게 자사 제품이 어떻게 뛰어난가를 설명한
다. 세일즈의 경우에는 이렇게 하면 된다. 그러나, 이것이
즈일세가 되면 무심코 이 제품은 세계 처음이다라고 말함으
로써 경우에 따라 손님의 체면이 손상되어 팔지 못하게 되
는 경우가 종종 있다. 상대방은 꽃을 갖게 하고 열매는 이
쪽이 갖는 것이 즈일세의 경우 가장 좋은 방법이다.

계약성립 뒤의 즈일세 손님은 최대의 아군

　이제까지 살펴본 내용을 통해 여러분은 물건을 살까 어쩔까를 결정함에 있어 손님의 사고과정이 즈일세와 세일즈에 따라 다르다는 것을 알았을 것이다. 그러나 즈일세와 세일즈의 차이는 제품을 판매할 때만이 아니다. 판매한 후의 교제방법도 차이가 난다. 이것을 알고 있으면 즈일세를 한 회사의 담당자를 이쪽의 최대 아군으로 만들 수 있다.

　내 경우를 살펴보자. 내가 있던 회사에서 어느 원자력 발전소에 작업자의 피폭관리를 하는 컴퓨터 시스템을 만들어 준 일이 있었다. 하지만 그 컴퓨터 프로그램이 좀처럼 잘 작동하지 않았다. 프로그램에 문제가 있어 1인당 검사시간이 지나치게 오래 걸리게 되었다.

　납품기간은 3개월이었지만, 이것을 새로 만들려면 도저히 기일에 맞출 수 없다는 것을 알았다. 그래서 영업소장으로부터 내게로 전화가 걸려왔다. 『저쪽 전력회사의 컴퓨터부문 부장과 아는 사이라면서요. 모쪼록 당신이 가서 사정을 설명하고 양해를 구해주지 않겠습니까?』라고 말했다.

그때 나는 일이 있어서 오키나와 공항에 있었지만 공항까지 전화가 걸려와서 나를 스피커로 호출했기 때문에 영업소장의 곤혹스러움을 잘 알게 되었다. 그래서 나로서도 방관할 수 없었다.

나는 오키나와에서 곧장 그 전력회사의 컴퓨터부문 부장에게 전화를 걸었다.

『실은 이러이러한 사정으로 기한을 지킬 수 없다고 합니다. 좋은 수가 없을까요? 내가 내일 바로 그쪽으로 가겠습니다』라고 말하사 상내방은 싱딩히 난감한 목소리로『아니오, 됐습니다. 이쪽에서 해결할테니까 당신은 오지 마십시오. 당신이 오면 오히려 일이 복잡해질 겁니다』라고 말하고 바로 전화를 끊어버렸다.

그래서 영업소장에게 전화를 걸어 이 일을 이야기했더니 영업소장은 더 당황해하며 『이 일로 거래가 끊기게 되었군요』라고 말하는 것이었다. 달리 방법이 없었기 때문에 나는 곧 오키나와에서 그 영업소로 되돌아가서 전력회사까지 가려고 생각했지만 공교롭게도 좀처럼 비행기를 탈 수 없었다. 간신히 다음날 아침 첫비행기를 타고 그 영업소로 갔다. 영업소 사람들은 모두 이제부터 어떻게 하면 좋을까 하고 불안한 얼굴을 하고 있었다. 나는 영업소장을 붙잡고 이제부터 어떻게 할 작정인지 물어보았다.

그러자 그는 『방법이 없어요. 사장과 부사장에게 사과하러 가려고 합니다. 이미 전화로 약속을 했습니다』라고 말했다. 나는 그 말을 듣고 화를 냈다. 『절대로 가서는 안됩니다.』

그러나 이미 약속을 정했기 때문에 『그러면 기한에 맞출 수 없다는 것은 절대로 말하지 말고 그냥 문안 인사하러 왔다고 말하십시오. 만약 사과하러 가게 되면 컴퓨터 담당부장의 책임이 되어 나중에 점점 더 어려워집니다』라고 말하며 어쨌든 소프트 프로그램에 대한 이야기만은 사장이나 부사장의 귀에 들어가지 않도록 강력하게 못박았다.

그리고 나는 곧, 내가 온 것을 알리려고 전력회사의 친구에게 전화를 걸었다. 그는 어제와는 달리 태도를 완전히 바꿔서 『아, 전화 잘 해주었습니다. 앞으로 어떻게 할지 상담하고 싶으니까 곧 이리로 와주시겠습니까?』라고 말했다.

그래서 나는 급히 차를 타고 전력회사로 달려 갔다. 입구에 도착하자 담당과장이 딱딱하게 굳은 얼굴을 하고 기다리고 있다가 엘리베이터로 임원실까지 안내해 주었다. 친구는 단둘이 있는 자리에서 갑자기 『이 소프트 프로그램은 벌써 완성되어서 납품된 것으로 해둡시다』라고 말을 꺼냈다.

『그러나, 물론 지금 상태의 소프트를 그대로 사용할 수는 없다. 그래서 그것을 사용하기에는 훈련기간이 필요하다고 합시다. 그렇게 해 시간을 벌어놓는 겁니다. 다만, 개소식 때는 시범을 보여야 하기 때문에 개소식의 시범용 프로그램만은 먼저 만듭니다. 그 뒤에 교육기간을 3개월 잡습니다. 그뒤에 3개월을 더하면 시간에 맞출 수 있을 겁니다. 어쨌든 이 일은 당신과 나 두 사람만의 비밀로 하도록 합시다.』

이렇게 해서 이 사건은 해결되었다. 의미는 알 것이다. 즈일세의 경우 사는 쪽 담당자는 처음 예정대로 일이 진행되지 않으면 자신의 책임 소재를 추궁당하게 되므로 약간의 실수가 생기거나 납기가 늦어져도 상사에게는 모두 잘 진행시키는 것처럼 보고하려고 한다. 이 심리만 알고 있으면 즈일세의 경우, 일단 계약을 맺으면 그 후에는 담당자를 완전히 자기편으로 만들 수 있다.

이쪽에 어느 정도 준비가 덜 되어도 상대는 그것을 감추기 위한 「공범」마저 되어 준다. 이렇게 해서 표면상으로는 아무 문제도 없이 일이 잘 추진되는 것처럼 한다. 담당자도 점수를 잃지 않고 이쪽도 평판을 떨어뜨리는 일이 없다. 양자의 이해가 일치되는 것이다.

여기까지 이야기를 하면 즈일세의 요점은 이미 알 것이다. 즈일세에서 중요한 것은 첫째도 둘째도 담당자의 체면을 세워주는 것이다. 극단적으로 말하면 가격이나 품질 따위는 아무래도 좋다. 자신의 호주머니 속에서 없어지는 것이 없는 담당자에게 있어 중요한 것은 이 제품을 삼으로써 자신이 상사로부터 어떤 평가를 받을까 하는 것뿐이다.

그렇기 때문에 즈일세를 할 경우 상대의 마음에 드는 세일즈맨이란 상대방의 체면을 확고하게 세워서 계약 후에는 무슨 문제가 생기더라도 함께 몰래 처리해주는 인물인 것이다.

일본 은행들이 IBM을 좋아하는 또 하나의 이유

관청이나 기업의 담당자에게 있어서 물건은 살 때에 중요한 것은 「자신의 평가가 떨어지지 않는 것」이라는 것을 잘 알 수 있는 예를 또 하나 소개하겠다.

얼마 전까지 일본의 모든 은행은 거의가 IBM 컴퓨터를 사용했다. 이미 일본에서 생산하는 컴퓨터도 IBM에 뒤지지 않을 만큼 성능이 좋아졌는데도 여전히 IBM 컴퓨터를 들이고 싶어했다.

그래서 나는 언젠가 은행 컴퓨터 구매담당자에게 『IBM 컴퓨터를 들여놓는 이유가 뭡니까? 국산 컴퓨터도 충분히 좋지 않습니까?』하고 물었던 적이 있다. 그때 그는 이렇게 대답했다.

『물론 국산 컴퓨터도 상당히 좋아졌다고 생각합니다. 그러나 그것을 들여놓았는데, 만에 하나 잘 작동하지 않을 때 「비싼 돈을 들여 이렇게 성능이 나쁜 컴퓨터를 구입한 사람이 누구인가」라고 하게 되면 내 목이 날아가 버리지요. IBM은 어쨌든 세계 최대의 컴퓨터회사이니까 IBM 컴퓨터라면 그 기계가 다소 잘 작동되지 않아도 「IBM조차 잘 작동되지 않으면 방법이 없지 않은가」라고 하게 되어 자신의 책임은 묻지 않습니다. 그래서 모두들 국산 컴퓨터 대신에 IBM 컴퓨터를 사는 겁니다.』

이것은 실제로 들은 이야기다. 이것으로 즈일세의 본질을 좀더 확실하게 알 수 있다.

즉, 즈일세에는 이론이 없다. 관청이나 기업의 거래에서는 친분관계나 인책, 더 나아가 소위 독직(瀆職)의 문제, 그러한 여러 가지 요인이 모두 얽혀 있다.

즈일세에서의 계약금액이란 것은 우리들이 개인적으로 사는 경우와 비교하면 단위가 달라질 정도로 금액이 크다. 개인이라면 100만 엔 쇼핑을 한다면 여러 가지로 고민할 것이다. 그러나 수억, 경우에 따라서는 수십억 엔이라는 거래를 하는 일이 흔한 일반 기업이나 관공서의 경우 100만 엔이라는 것은 어중간한 돈이다. 개인으로서는 거의 써볼 수도 없는 금액을 한 사람의 의사로 결정한다.

그때 그 담당자는 무엇을 생각할까? 이미 금전의 많고 적음을 떠나 그 회사에서 이 계약대로 사고난 뒤에 자신에게 마이너스가 된다면 절대로 사지 않는다. 자신의 평가가 올라갈 것 같으면 부랴부랴 계약을 한다. 가치관이 이런 요소에 따라 변한다. 이것이 부당하다는 이야기는 아니다. 인간이란 그런 존재이다. 즈일세의 경우 그러한 인정의 낌새를 잘 생각한 후에 상담을 진행시킬 필요가 있다.

일본에서는 지금 행정의 생산성이 낮다든가 또는 여러 가지 불합리한 점이 있다고 말한다. 하지만 실제로 자신이 그 입장이 되어서 새로운 일이나 어떤 개혁을 자신의 의사로

도입할 경우, 그 일이 잘되지 않으면 바로 처자와 함께 거리로 나앉을 위험이 있다. 때문에 권위에 의지하거나 전례를 모방하는 것도 인간심리로 본다면 도리가 없다고 할 수 있지 않을까.

우리들처럼 물건을 파는 측에서 중요한 것은 이러한 공무원과 기업인의 본질을 비난하는 대신에, 그것을 명심하고 즈일세를 함으로써 제품을 파는 것이다.

「큰 과실 없게」라는 말이 있다. 결국 큰 과실이 없으면 자신의 일생은 어떻든 편안하다. 특별한 일을 해서 실패하면 좀처럼 되돌릴 수 없다. 그러나 이런 것이 일본의 경영 약점으로도 지적되고 있다.

그러면 외국은 어떠한가. 미국이나 유럽에서는 이러한 「큰 과실 없게」라는 발상은 거의 없다. 그런 만큼 미국, 유럽, 동남아시아에서 즈일세를 할 경우, 일본과 같은 방식이 통용된다고는 할 수 없다.

앞으로 일본 기업은 더욱 더 해외와의 거래를 증가시켜 나갈 것이다. 그 때도 역시 상대는 개인이 아닌 공인의 입장으로 의사결정을 한다는 것을 항상 마음에 새겨둘 필요가 있다.

즈일세에서 승리하는 제안서 작성법

즈일세에서는 상대방은 공인의 위치에서 의사결정을 하기 때문에 주위로부터 잘못을 지적받지 않기 위해 반드시 어떤 합리성이나 무오류성을 추구하고 있다. 일단 이론에 어긋나지 않으면 옆에서 보아「이것은 이상하다」라고 생각할 수 있는 것이라도 통한다. 결정하는 쪽으로서는 자신의 체면만 손상되지 않으면 상관없다.

그래서 즈일세를 할 때에는 왜 이 제품을 사야 하는가에 대하여 납득시킬 필요가 있다. 이 때 사야만 하는 타당한 이유나 정보를 제공하는 것이 바로 제안서이다.

이 제안서에는 상대방이 요구하고 있는 조건을 충족시키기 위한 수단이 쓰여져 있지 않으면 안되지만, 그것만으로는 타사를 밀어내고 자신의 회사가 선택받기는 어렵다.

그러면 타사와는 구별되는 「빛나는」 제안서를 만들려면 어떻게 하면 좋은가. 상대방이 이 제품을 구함에 있어서 정말로는 무엇을 원하는가 하는 것은 실은 상대방 자신도 알지 못하는 경우가 많다. 그것을 파헤쳐간다.

구체적 예를 하나 들겠다. 이것은 NHK가 오랫동안 자리 잡고 있어 정이 들었던 신바시(新橋)의 우지와사쯔(內幸町)에서 현재의 요요기(代々木)로 이사했을 때의 이야기이다. 빈 건물이 된 우지와사쯔 건물을 뉴스센터로 만들자는 얘기가 나와 그 일을 내가 있던 회사가 맡게 되었다. 어떠한 스튜디오를 만들 것인가에 대해 논의하기 위해 보도국장을 찾아갔을 때 나는 갑자기 『NHK는 무엇을 위해 뉴스를 매일 내보냅니까?』라고 질문을 했다. 너무나 기본적인 질문에 보도국장은 일순간 놀란 것 같더니 곧 『NHK는 공영방송이기 때문에』라고 대답했다.

그러나 이 대답만으로는 어떤 뉴스센터를 만드는 것이 최선인지 알 수 없다. 그래서 다시 물어보았다.

『이번에 만드는 뉴스센터에서 방송되는 뉴스는 지금까지의 스튜디오에서 제작되어 방송되는 뉴스보다도 뭔가 좀더 진보되고 또 개선되지 않으면 새롭게 뉴스센터를 만드는 의미가 없을 것입니다. 그래서 어떤 뉴스가 시청자에게 있어서 뛰어난 뉴스가 되는가, 뉴스를 평가하는 기준이 있다면 여쭤보고 싶습니다. 그것을 결정해 주시면 그같은 뉴스가 방송될 수 있는 스튜디오와 설비를 설계하겠습니다.』

그러나 이것은 간단하게 대답할 수 있는 문제가 아니다. 여러 가지 질문을 하는 동안에 중요한 열쇠가 되는 발언이 나왔다. 『뉴스의 생명은 무엇입니까?』라고 물어보았더니 『그것은 특종입니다!』라는 대답이 나왔다. 보도관계자는 언제나 타사에게 선수를 빼앗길까봐 전전긍긍해하고 있다. 과연 특종이 제1조건인가, 그렇다면 그것을 위한 스튜디오는 어떤 것이 좋은가를 생각하면서 이야기를 끝마쳤다.

그리고나서 불과 1개월 사이에 대형항공기가 잇달아 사고를 당하는 대사건이 일어났다. 먼저 젠닛쿠기(全日空機)가 하네다에서 행방불명되었고, 뒤이어 영국항공기가 후지(富士)산에 추락했다. 또다시 캐나다 태평양항공기가 하네다에서 착륙에 실패하는 세 건의 비행기 사고가 연이어 터졌다. 이것은 대단한 뉴스이다.

처음 사고는 하네다 바다 위에서 비행기의 소식이 끊어진 것이다. 이때 가장 빨리 보도를 한 곳은 니혼TV로, 전세낸 가와사키(川崎)카페리에 중계차를 싣고 바다로 나가 빠르게 영상을 보내고 있었다.

한편 NHK는 전국방송이기 때문에 비행기가 행방불명된 것만으로「추락했다」고 보도하면 큰 소동이 벌어진다. 그래서 애타는 마음을 누르고 자막 스폿뉴스로 비행기가 행방불명이 됐음을 전하는 것으로 그치고 말았다.

그러나 이때 NHK기자 중에 비행기에 대해서 자세히 알고 있는 사람이 있어 보잉 727 비행기가 요즘 자주 사고를 일으킨다고 이야기를 꺼냈다. 조사해보니 이 비행기는 신형으로, 취항한지 불과 1년밖에 지나지 않았는데도 이미 3회나 문제를 일으킨 것으로 밝혀졌다. 이로써 비행기 자체에 무언가 결함이 있을지도 모른다는 쪽으로 의견이 모아지면서 지금까지 일어난 사고의 사진을 구하고 이 신형기에 대해 전문가를 불러 자세한 해설을 덧붙이면서 특별프로그램을 편성했다.

이 프로그램을 본 나는 다음날 보도국장을 만나 다음과 같은 말을 했다.

『확실히 NHK는 첫스타트는 늦었지만 어젯밤 뉴스는 시청자가 보기에는 타방송보다 압도적으로 박력 있었습니다. 뉴스는 빠른 것만이 능사는 아닙니다. 뉴스의 생명은 해설이 아닙니까? 그런데 해설하려면 과거의 사건 사진이나 자료가 잘 정리되어 있어야 합니다만, NHK에서는 그것을 어떻게 처리하십니까?』

그러자 보도국장은 머리를 긁으면서 이렇게 말했다.

『그것이 실은…』

서랍이 많이 달려있는 캐비닛에 정리되어 있을 뿐이어서 어떤 사진을 찾을 때 늘 큰 수고와 시간이 걸리는 듯했다. 이것을 듣고 뉴스센터를 만드는 데 있어서 과제가 결정되었다. NHK와 의논했을 때 결정되었던 최초의 계획에는 없었지만 예산을 추가로 받아 컴퓨터로 관리하는 자료센터를 만들기로 했다.

『이 자료센터야말로 뉴스의 생명입니다.』

나는 강조했다. 이제는 어떤 사건이 일어나면 그것에 관련된 VTR 테이프나 사진도 모두 몇분이면 찾을 수 있다. 이 시스템을 살려 대히트한 것이 뉴스에 해설을 덧붙인 〈뉴스센터 9시〉라는 프로그램이다. 진행자로 이소무라 히사도쿠(磯村尙德)라는 적역을 얻어 일본 뉴스 스타일을 일변시켰다.

NHK가 뉴스에서 무엇을 구하는가, 보도국장도 막연하게 생각했던 것을 파낸 결과가 새로운 보도 프로그램을 방송할 수 있는 뉴스센터 만들기로 연결될 수 있었다.

상대방이 진정으로 원하는 것을 찾는 데는 표면적인 이야기만이 아닌 속사정 이야기까지 파고들어가 속마음을 파악하는 것도 중요하다.

속사정 이야기까지 참견해서 물었을 때 상대가 『실은요』 또는 『그것은 말이죠』라는 말을 붙이게 되면 만사 O. K. 이다. 거기에 상대의 속마음이 숨겨져 있다. 내가 자료를 컴퓨터로 관리하는 자료센터를 생각해낸 것도 보도국장이 지금까지의 「공영방송국장」이란 타이틀을 털어내고 머리를 긁적이면서 『그것이 실은…』이라고 숨김없이 털어놔 주었기 때문에 가능했다고 해도 좋다. 상대방으로부터 본심을 이끌어내는 것——이것이 바로 즈일세에서나 세일즈에서 상품을 파는 데 있어서 항상 염두에 두어야 할 테크닉이다.

이 책에서는 제1장～6장까지 어떻게 하면 상품을 팔 수 있을까, 즉「판매왕」이 되려면 어떻게 해야 좋은가 하는 것에 대해서 여러 가지 이야기를 했다. 이제부터는 지금까지 이야기한 것 중에서도 특히 중요한 것을 뽑아내 다시 한번 정리해 가고자 한다.

손님을 기쁘게 하는 회사란 7

정보전쟁을 제압하는 자가
세일즈를 제압한다

우선 첫번째로 중요한 것은 일본 시장을 어떻게 보는가 하는 것이다. 이때 우리는 아무래도 신문이나 잡지, TV 등을 근거로 판단하는 경향이 있다. 그러나 신문이나 잡지에 쓰여진 견해라는 것은 경제의 극히 한정된 일면이라고 말하고 싶다. 바꾸어 말하면 이들의 논조는 일본 경제의 실체를 나타낸 것이 아니라, 다만 그림자에 지나지 않는다.

그림자라는 것은 빛을 쬐서 방향을 바꾸면 형태가 달라진다. 그러므로 그림자만으로 실체를 이러이러하다고 생각하면 전혀 다른 결론으로 향하기 쉽다. 그러면 실체는 어떤 것인가? 물론 하나의 그림자만으로는 그 답을 알 수 없다. 그래서 여러 방면으로 빛을 쬔 그림자를 종합해 살펴보는 작업이 필요하다.

　실체는 손에 잡히지 않아도 여러 가지 그림자를 종합해
보면 적어도 그림자를 하나밖에 보지 않을 때보다는 실체에
가까운 것을 볼 수 있다. 물론 이것은 일본 경제에 한정된
것이 아니다.

　어떠한 내용에 대해서 조사한다면 될 수 있는 한 많은 데
이터를 다면적으로 모으는 쪽이 판단을 잘못할 위험이 적어
진다.

　나는 이전에 지금은 고인이 된 마쓰시타 고노스케를 섬기
고 있었다. 그는 같은 내용에 대해서 반드시 두 사람 이상
으로부터 의견을 들었다. 게다가 마쓰시타는 남의 이야기를
상당히 잘 들어주었다. 『그래요? 그래서 어떻게 됐나
요?』라머 이야기를 이끌어 주면 보고하는 쪽은 열중해서
여러 이야기를 한다. 남의 이야기를 잘 들어주는 일이 많은
정보를 모으는 데는 상당히 중요하다.

한번은 용건이 있어서 약속대로 비서실에 갔더니 먼저 온
손님이 있었다. 비서가 『상관하지 말고 들어가세요』라고 말
해서 들어갔더니 몸집이 작은 먼저 온 손님이 열심히 이야
기를 하고 있었다. 들으니 돈벌이 방법이었다. 어떤 외화를
사면 얼마나 이익이 생기는가 하는 것이었다. 당시 마쓰시
타 고노스케라고 하면 일본 제1의 재산가라 할 수 있다. 그
상대를 향해서 돈벌이 방법을 전수하는 것이다. 제3자가 보
면 우스운 일이 아닐 수 없다.

　그런데 마쓰시타는 열심히 들으면서 『그래서요?』라고
맞장구치니까 그 사람은 더욱더 우쭐대며 이야기를 계속했
다. 이것을 보고 나는 대단하다고 생각했다. 상대방이 말하
기 쉽도록 맞장구치면서 이야기를 들어주는 자세는 상당히
중요하다.

　그러나 세상에는 그 반대의 사람들이 많다. 모처럼 이쪽
이 이야기하면 『아니, 그런 것쯤은 나도 알고 있다』라고 거

만하게 굴며 자신의 의견을 자신만만하게 피력한다. 이러한 사람에게는 당연히 정보가 모이지 않는다.

사람으로부터 이야기를 들으려면 자신의 의견을 말하기 전에 우선 상대의 의견을 들어야 한다. 많은 정보를 손에 넣으려 한다면 우선 남의 이야기를 잘 듣는 것이 중요하다.

정보를 모으는 데 있어 또 한 가지 중요한 것은 한 사람한테만 듣지 말고 같은 사안에 대해서 여러 사람으로부터 듣는 것이다. 그러면 사물의 실체는 스스로 떠오른다.

구체적 예를 말하겠다. 요즘 일본 경제에 있어서 큰 걱정 한 가지는 무역흑자가 전혀 줄지 않는다는 것이다. 『일본은 수출하는 데 세금을 부과해라』라고 엉뚱한 말을 하는 사람조차 있다. 이 무역흑자가 줄이들지 않은 원인은 자동차 수출 탓이라고 오해하는 사람도 적지 않지만 이것은 틀린 정보만을 입수해 그것으로 「무역흑자의 원인을 알았다」고 납득해 버렸기 때문이다.

현재 자동차 수출은 전 수출의 불과 14%정도이다. 소비재 전체로 볼 때도 전 수출의 22%에 지나지 않는다. 나머지 약 70%는 자본재라고 앞에서 이야기했다. 그렇기 때문에 자동차가 무역흑자의 원인이라고는 할 수 없다.

그럼에도 불구하고 일본 무역흑자의 원인은 자동차라고 믿는 사람은 미국의 켄터(Michael Kantor) 통상대표에게 완전히 속았다고 해도 좋다. 그는 『미·일간에 있어서 무역흑자의 60%는 자동차이다』라고 실로 재미있는 표현을 하였다. 60%라는 숫자를 들으면 무역흑자를 만든 것이 자동차라고 믿는 것도 이상한 일은 아니다. 이것이 그의 교묘한 표현법이다.

무역에는 수출이 있고 수입이 있다. 그때 수출액이 높으면 그 차액이 무역흑자가 된다. 현재 자동차 수출액을 미·일 무역 차액으로 나누면 확실히 60%가 된다. 그러나 일본

전 수출액을 보면 자동차는 20%에도 미치지 않는다. 이것이 중요한 것이다.

켄터 통상대표의 계산법으로 하면 만일 일본의 무역흑자가 지꾸자꾸 줄어서 100억 달러 정도가 되고 자동차 수출은 200억 달러가 되었을 경우 무역흑자 중에서 차지하는 자동차 비율이 200%라는 이상한 숫자가 나오게 된다. 결국 이 숫자는 아무 의미도 가지고 있지 않다.

그렇지만 이 60%라는 숫자가 매우 충격적이어서 켄터대표의 발언을 듣는 사람들은 이것이 미·일 무역의 실체라고 믿어버린다. 한 사람에게서만 들으면 이렇게 비뚤어진 정보까지 진실처럼 생각된다. 정보를 수집할 때 특히 주의해야 할 점이다. 실체에서 벗어난 정보는 아무리 모아 봤자 시장을 올바르게 판별힐 수 없다는 것은 말할 필요도 없다.

불황에 쓰러지는 회사는 판매에서부터 망한다

앞에서 나는 매스컴 등에서 아침부터 저녁까지 불경기, 불경기라고 떠들어대기 때문에 저축을 많이 하고 있는 개인이 물건을 사지 않게 되고 불황이 오래 가는 것이라고 이야기했다. 그러나 경제 전문가들은 『그렇지 않다. 불황 때문에 보너스도 줄고 불안감이 생겨서 사지 않는 것이다』라고 말한다. 그러나 이것은 결국 같은 말이다. 소비자는 사고 싶은 물건이 나오면 산다. 사고 싶은 물건이 없어서 사지 않을 뿐이라는 이야기다.

그렇다면 어떻게 하면 물건을 팔 수 있을까 하는 것이 세일즈맨의 수완이 발휘되는 부분이다.

판매 계획을 세울 때 일본 적십자가 각 지방에서 어느 만큼 기부금을 모을 수 있는가를 예측하기 위한 기초숫자로 조사를 시작한 민력이 많은 참고가 된다고 이야기했다. 이것을 보면 일본 전체에서 어느 지역에서 무엇이 팔리는가 하는 것을 상당히 세밀하게 알 수 있다. 예를 들어 홋카이도나 오키나와현처럼 일반적으로 소득수준이 낮다고 생각되는 지역에서도 실제로는 일본 평균 소득을 넘는 곳이 꽤 있다는 것도 알았다. 이러한 지역을 타깃으로 판매하는 것도 한 가지 방법일 것이다.

다만, 어떤 장소에서 어떤 물건을 팔더라도 중요한 것은 발상이다. 판매라는 것은 물건을 파는 일이다. 당연하다고 생각할지도 모르지만 그것을 잊어버리는 사람이 많다. 팔리지 않는다고 『불황이기 때문에 방법이 없다』라며 주위의 탓으로 돌린다.

그러나 현재 일본에서는 자동차가 연간 600만 대나 팔리고 있다. 그래서 『자동차가 팔리지 않는 것은 불황 탓이다』라는 핑계도 통하지 않는다. 팔리지 않는 차만 만들기 때문에 팔리지 않는 것뿐이다. 어느 자동차 회사가 RV차를 만들어 냈을 때 최초의 판매 계획은 연간 3,000대였지만 1만 5,000대나 팔렸다고 한다.

판매라는 것은 파는 일이다. 자기 회사의 시장 점유율이 이미 일본 전국에서 100%를 차지하고 있다면 그 이상의 확대는 어려울지도 모른다. 그러나 대부분의 회사는 20~30% 차지하고 있다. 즉 적어도 70~80%의 수요가 남아 있는 셈이다. 그것을 차지하면 회사의 매출은 당연히 증가한다. 더욱이 이 발상을 세계 전체로 넓히면 수요는 끝이 없다.

이같은 적극적 사고방식을 갖는 것이 세일즈라는 일이다. 이것은 보급률이 100%를 넘는 제품에 대해서도 마찬가지다. 예를 들어 가정의 TV 보급률은 거의 100%라 해도 좋다. 그러나 현재 TV가 1가구에 2대, 3대 있는 가정은 흔하다. 보급률이 100%에 달한다면 이번은 200%를 목표로 하면 된다. 저축액 744만 엔이 말하는 것처럼 각 가정은 돈을 가지고 있기 때문에 원하는 것이 있으면 산다. 보급률이라는 것은 이제부터 어느 만큼 팔릴까를 생각함에 있어 세일즈맨에게는 아무 참고도 되지 않는 숫자이다.

판매라는 것은 파는 일이다. 그것을 잘해야만 회사가 발전한다. 기업을 살리는 것도, 죽이는 것도 결국은 세일즈맨이다. 회사 안에서는 사장 이하 임원이 있고 사원이 있다. 제품을 만드는 공장이 있고 자재부가 있고 경리부가 있고 인사부, 그 밖의 조직이 있다. 하지만 결국 물건을 팔아 돈을 모으는 것은 세일즈이다.

세일즈맨이 물건을 팔기 위해 공장에서 물건을 만들고 돈을 마련하고 좋은 인재를 구한다. 이것이 회사이다. 결국 세일즈맨은 회사 운영을 지탱해주는 사람들이다. 이 사람들이 불경기여서 팔리지 않는다고 체념해 버리면 물건은 절대로 팔리지 않고 회사도 존속하지 못할 것이다.

마지막으로 다시 한번 남쪽 섬에 구두를 팔러갔던 두 사람의 세일즈맨 이야기를 되풀이하겠다. 한 사람은 『이 섬 사람들은 모두 맨발이기 때문에 구두는 한 켤레도 팔 수 없다』라고 말했다. 또 한 사람은 『모두 맨발이기 때문에 구두는 얼마든지 팔 수 있다』라고 말했다. 「팔 수 있다」라고 말한 사람이야말로 진정한 세일즈맨이다.

■ 역자 약력

양병준
- 건국대학교 정치학과 졸업
- 고려대학교 경영대학원 수료
- 대한중석광업(주) 기획개발부장, 한국산업개발연구원 경영개발실장 역임
- 한국생산성본부 경영지도사업부 지도위원
- 현재 탑 경영컨설팅 소장

〈저서·역서〉
「종합경영관리와 분석」「생산성의 관리와 개선책」「목표관리의 이론과 실제」「발상의 대전환」「사장의 임금경영학」「인사 평가」「브레이크스루 리엔지니어링」「컨셉트엔지니어링혁명」기타 경영관계 논문 다수

김소영
- 중앙대학교 일어일문학과 졸업
- 현재 삼전무역(주) 근무

〈역서〉
「컨셉트엔지니어링혁명」

●

돈 굴러들어오는 장사성공의 비결
●

지은이 / 가라쓰 하지메
옮긴이 / 양병준·김소영
펴낸이 / 박용정
펴낸곳 / 한국경제신문사
등록 / 제2-315(1967. 5. 15)
세1판 1쇄 인쇄 / 1997년 1월 15일
제1판 2쇄 발행 / 1997년 2월 25일
주소 / 서울특별시 중구 중림동 441
대표전화 / 360-4114
직통 / 313-8293·312-0063
FAX / 360-4552

●

* 파본이나 잘못된 책은 바꿔 드립니다.
ISBN 89-475-2191-4

●

값 7,000원

韓經 베스트 셀러

경영혁명

톰 피터스 著
盧富鎬 譯
〈신국판 / 820면 / 13,000원〉

정보화사회는 불확실성이 심화된 사회로 기업경영의 경기규칙과 새로운 경영스타일 등 생존을 위한 변화는 가히 혁명적이라 할 수 있다. 이 책은 전통적 사고에 도전하고 조직이 사람을 위해 존재할 수 있도록 변화를 유도하는 45가지 경영 실천전략을 제시한 기업경영자의 「비즈니스 핸드북」

해방경영

톰 피터스 著
盧富鎬 外 共譯
〈양장 / 1,300면 / 19,000원〉

2000년대의 경영思潮는 무엇이며, 이를 주도할 기업의 생존철학은 무엇인가? 이 책은 장장 1300여 페이지에 걸쳐 좋은 기업을 만들기 위한 조직의 창조적 파괴와 일반통념으로부터의 해방을 핵심테마로 다루고 있다. 자유분방한 필치와 수많은 은유, 패러독스가 곳곳에 번득여 방대한 분량임에도 불구하고 읽는 동안 재미와 해방감·지적 충족감을 더할 수 있다는 것이 이 책의 또 하나의 매력으로 꼽힌다.

경영파괴

톰 피터스 著
安重鎬 譯
〈양장 / 374면 / 8,500원〉

이제 리스트럭처링·리엔지니어링으로는 급변하는 시대를 이길 수 없다. 기업의 조직은 상상을 초월하는 혁신적인 네트워크형이 되어야 한다. 이 책은 세계적 경영컨설턴트인 저자가 새롭고 번뜩이는 아이디어로, 기업을 운영하는 사람들이 재창조와 혁명을 향해 전진할 수 있도록 9개의 「넘어서」를 중심으로 구체적인 혁신방안을 제시한다. 변하지 않는 기업이나 조직은 망한다는 것이 저자의 한결같은 주장이다.

강대국의 흥망

폴 케네디 著
李曰洙·全南錫·黃建 共譯
〈양장 / 720면 / 13,000원〉

역사학자이자 미국 예일대 교수인 저자는 이 책에서 지난 5세기 동안에 전개되었던 강대국들의 흥망성쇠는 그들의 경제력과 군사력의 변화 추이에 의해서 좌우되어 왔다고 진단하면서 앞으로 다가오는 21세기에는 미국·소련·서유럽 등의 쇠퇴와 중국·일본 등 아시아 강국들의 부상을 예언하고 있다.

21세기 준비

폴 케네디 著
邊道殷·李曰洙 譯
〈양장 / 500면 / 9,000원〉

우리에게 충격을 던졌던 「강대국의 흥망」 저자 폴 케네디 교수가 다가올 21세기 문명세계의 각종 위기를 명쾌히 분석·정리한 力著. 이 책은 향후 30년 사이 우리에게 닥칠 도전들과 그 대응방법 그리고 인구폭발, 환경오염, 생물공학, 로봇, 통신수단, 가공할 파워의 양태 등을 특유의 통찰력으로 분석·예견하고 있다.

메가트렌드 2000

J. 나이스비트 외 共著
金弘基 譯
〈신국판 / 366면 / 8,000원〉

90년대는 정치개혁과 경이적인 기술혁신 등으로 지금까지와 전혀 다른 변화양상을 인류에게 줄 것이다. 이 책은 90년대의 변화로 경제호전, 예술의 번영, 시장사회주의의 출현, 복지국가의 쇠퇴 등 과거 어둡고 비관적인 세기말적 변화보다는 밝고 새로운 흐름을 부각시키고 있다.

메가트렌드 아시아

존 나이스비트 著
홍수원 譯
〈양장 / 402면 / 9,500원〉

미래예측가로 세계적 명성을 떨치고 있는 나이스비트는 21세기에는 아시아가 미국주도의 상품과 소비시장에 가장 중요한 경쟁자로 내다보고 현재 역동적으로 변화하는 아시아의 모습을 8가지 트렌드로 분석했다. 특히 아시아와 세계라는 맥락 속에서 한국에 나타나고 있는 폭넓은 변화들을 살펴보고 한국이 아시아에 기여할 수 있는 방안도 짚고 있다.

20세기를 움직인 思想家들

기 소르망 著
姜偉錫 譯
〈신국판 / 426면 / 8,000원〉

20세기 사상계에 결정적인 영향을 끼친 사람들은 과연 누구인가? 프랑스의 저명한 경제학자이자 사회학자인 기 소르망이 29명의 생존해 있는 현대 최고의 사상가들과 직접 인터뷰를 통해 그들 자신이 선택한 분야에 전생애를 바친 사상과 사색의 놀라운 통찰을 기록·정리한 「살아있는 도서관」.

資本主義 종말과 새 世紀

기 소르망 著
金廷銀 譯
〈양장 / 628면 / 13,000원〉

세계적인 석학인 저자는 자본주의 체제를 위협하는 것은 「도덕적 불만」과 「자본주의에 대한 몰이해」라고 주장하고 러시아·중국·독일·인도 등 20여개국의 자본주의의 현재 모습을 생생히 그리고 있다. 또한 현재의 자본주의의 위기를 극복하기 위한 구체적인 실천방안에 대해서도 통찰하고 있다. 방대한 분량인데도 르포형식이어서 전혀 지루하지 않다.

未來企業

피터 F. 드러커 著
高柄國 譯
〈신국판 / 416면 / 8,000원〉

우리 시대의 가장 뛰어난 사회·경영학자이자 미래학자인 드러커의 「변혁시대 기업생존전략 연구서!」이 책은 세계경제가 빠르게 바뀌어 감에 따라 기업의 새로운 생존 경영전략 모델, 즉 기업이 살아남기 위한 5가지 변화조건을 예리하게 분석·고찰했다. 특히 사회·경제학 시각에서 세계경제 흐름을 통찰한 力著.

자본주의 이후의 사회

피터 F. 드러커 著
李在奎 譯
〈양장 / 328면 / 7,000원〉

사회주의권의 급격한 몰락 이후 탈냉전 분위기가 고조되고 있는 시점에서 향후 세계 변화가 주요 관심사로 떠오르고 있다. 저자는 이 책에서 향후 세계는 자본주의적 시장구조와 기구는 그대로 존속되겠지만 주권국가의 통제력은 약화되고 전문지식을 갖춘 지식경영자 중심의 글로벌화 사회가 될 것으로 예측하고 있다.

미래의 결단

피터 드러커 著
이재규 譯
〈양장 / 408면 / 9,000원〉

현대 경영학의 대부, 피터 드러커는 이 책에서 「스스로를 다시 생각함으로써 회생할 수 있다」고 전제하고 기업의 5가지 치명적 실수, 가족기업을 경영하는 규칙, 대통령을 위한 6가지 규칙, 새로운 국제시장의 개발, 3가지 종류의 팀조직, 오늘날 경영자들이 필요로 하는 정보 등 바람직한 미래를 실현하기 위한 방안을 제시했다. 21세기를 위한 새롭고 시의적절한 경영지침서.

株式市場 흐름 읽는 법

浦上邦雄 著
朴承源 譯
〈신국판 / 200면 / 4,000원〉

언뜻 보기에 무질서하고 예측이 불가능해 보이는 주식시장도 장기적으로 보면 특정한 네 개의 국면을 반복하고 있다는 것을 알 수 있다. 이 책은 이 네 개의 국면이 어떤 요인에 의해 순환되고 각각의 국면에서 어떤 종목이 활약하는가를 숙지할 수 있는 안목을 제시해주고 주식투자시 리스크를 피하는 방법에 대해서도 설명하고 있다.

2020년

해미시 맥레이 著
金光田 譯
〈양장 / 408면 / 9,000원〉

다양한 인종만큼이나 상이한 정치·경제체제의 독특한 문화양식을 지니고 있는 세계 각국은 저마다의 주무기를 앞세워 미래를 설계하고 있다. 경제평론가인 저자는 앞으로 국가경쟁력을 결정짓는 요인은 기술이 아니라 문화라고 강조한다. 현재 세계 각국이 처해 있는 상황을 바탕으로 치밀하게 전망한 2020년경의 세계 각국의 모습에서 우리의 진로는 어떻게 모색해야 할 것인가?

제 4 물결

허먼 메이너드 2세
수전 E. 머턴스 共著
韓榮煥 譯
〈양장·4×6판 / 239면 / 5,000원〉

21세기의 범세계적 기업을 위한 낙관적 비전을 제시하고 있는 이 책은 한마디로 앨빈 토플러의 《제3물결》을 넘어 장기적 미래의 비전에 집중하고 있다. 지금 우리가 공업화를 상징하는 「제2물결」에서 탈공업화적인 「제3물결」로 전이하고 있지만, 머지 않은 곳에서 새로운 차원의 「제4물결」이 밀려오고 있다고 진단하고 있다.

장사꾼으로 거듭나는 사무라이 혼

金亨澈 著
〈신국판 / 372면 / 7,000원〉

일본의 자민당 정권이 붕괴된 이후 연립정권이 난립하고 고베 대지진, 증권스캔들, 옴 진리교 사건 등이 일어난 격동기에 필자가 주일특파원으로 취재하며 느낌을 쓴 현장 르포다. 기자의 눈을 통해 「기모노 속에 감춰진 진짜 일본」을 만난다.

유머人生 1~5

韓國經濟新聞社 出版部 編
〈4×6판 / 244면 / 4,500원〉

많은 독자들이 1980년 12월부터 본지에 연재되고 있는 「海外유머」를 책으로 출판했으면 어떨지, 그런 계획은 없는지 물어왔다. 이 책은 독자들의 그러한 성원에 보답하자는 취지로 출판되었으며 우스갯소리 가운데서 인생의 묘미도 느끼고 영어공부도 할 수 있게끔 어려운 단어나 語句에는 주석을 달아 독자들의 이해를 돕고자 노력했다.

암 이렇게 하면 두렵지 않다

엘리자베스 웰런 著
민진식 監譯
〈신국판 / 350면 / 8,000원〉

암의 원인과 관계되는 발암물질, 역학조사, 그리고 생활주변에서 많이 발생하는 암의 위험요소에 대한 방대한 문헌과 보고서를 분석 정리했다. 또 이미 알고 있는 암 유발요인을 쉽게 설명하고 암 학자들의 연구결과와 철저한 문헌조사, 특히 인간에 대한 직접 연구결과에 근거한 암 원인을 전반적으로 개관하여 예방의학의 길을 제시했다. 감역자는 연세대 의대 암센터원장.

사장님, 원가를 아십니까

鄭明煥 著
〈신국판 / 220면 / 5,000원〉

원가의 개념을 정확히 이해하지 못하고 경영한 결과 장부상으로는 흑자임에도 결손이 나는 등 어려움을 겪는 경우가 흔히 있다. 이 책은 경영자는 물론 회계와 기획담당자를 포함한 기업 관계자들에게 원가의식과 관리회계의 개념을 심어준다는 취지에서 원가에 관련된 제반사항을 소설식으로 알기쉽게 다룬 力著

프로 영업인이 되는 길

시라이 기요시 著
朱明甲 譯
〈신국판 / 240면 / 5,000원〉

번번히 뛰어난 실적으로 동료들의 부러움을 사는 사람이 있다. 이런 사람은 흡사 영업의 귀재, 타고난 영업인처럼 보인다. 그러나 잘 나가는 영업사원과 그렇지 못한 영업사원의 차이는 반드시 있게 마련. 이 책은 결코 평탄하지만은 않은 영업의 세계에 입문하거나 프로로 거듭나기를 바라는 영업사원들이 갖춰야 할 지식에서부터 각양각색의 고객을 다루는 방법까지 100가지 성공비결을 공개하고 있다.

中國을 넘어야 한국이 산다

崔弼圭 著
〈신국판 / 260면 / 5,000원〉

최근들어 한국 기업의 중국 진출이 러시를 이루고 있으나 중국의 문화와 관습을 정확하게 이해하지 못한데서 많은 어려움에 부딪치고 있다. 이런 시점에서 쓰여진 이 책은 중국인들의 상술을 예리하게 파헤치고 있으며 한국 기업이 중국 현지에서 맞닥뜨리는 여러 사안들에 관해 심도 있게 분석하고 대안을 제시하고 있다.

멀티미디어 시대

조지 길더 著
權和爕 譯
〈신국판 / 208면 / 5,000원〉

이 책에서 저자는 단순영상매체인 TV는 종언을 고하게 되었고 TV의 기능에 컴퓨터와 광통신 기능이 부가된 네트워크망을 갖춘 종합미디어로서의 텔레퓨터가 멀티미디어 시대에 주역으로 등장할 것을 예고한다. TV를 보면서 진행자와 대담을 나누고 가상현실을 즐길 수 있는 놀랍고도 신기하기까지 한 세계의 출현을 예고하고 있다.

기업혁신 팀경영

존 R. 카첸바크·더글러스 K. 스미스 共著
梁淀容 譯
〈신국판 / 364면 / 7,000원〉

구성원의 기술·경험·통찰력을 결합한 「팀」제는 개개인보다 월등한 업무능력을 지니고 있으며 업무의 내용이 복합적이거나 판단능력·경험이 필요한 경우 더욱 돋보인다. 이 책은 다양한 사례를 중심으로 집단적인 작업생산, 개인적인 성장 그리고 고능률 업무수행을 위한 팀경영의 비결을 소개하고 있다.

21세기 기업

제이 R. 갤브레이스·에드워드 E. 롤러 3세 共著
朴秀圭 譯
〈신국판 / 410면 / 8,000원〉

이 책은 21세기의 시장환경에 적응하고 살아 남기 위한 조직구조를 체계적으로 고찰하고 있으며 역동적인 환경에 대처할 관리관행과 경영체계를 심도있게 분석하고 있다. 또한 저자들은 지식업무 및 관리팀, 기량 중심의 인적자원 시스템 구축, 스태프진 분산과 네트워크 구축 등의 새로운 조직창출 방법을 다양하게 구사하고 있다.

기업간·업종간 전략적 제휴

조셉 L. 배더러코 2세 著
韓榮煥 譯
〈신국판 / 264면 / 6,000원〉

지식이 국가와 기업의 경계를 넘어 급속히 이동하고 세계화됨에 따라 새로운 기술과 제품이 정신없이 쏟아져나오고 있다. 이제 어떤 사회도 필요한 모든 기술과 제품을 독자적으로 해결할 수는 없다. 이 책은 많은 회사들의 요새와 같던 담을 무너뜨리고 경쟁예상자와 손을 잡고 제품을 생산하고 기술과 능력을 개발하는 방법을 보여주고 있다.

결혼경제학

八代尙宏 著
李 均 譯
〈신국판 / 200면 / 4,500원〉

결혼과 그 주변문제에 대해 경제학적 측면에서 분석했다. 모든 결혼이 정신적·물질적 행복을 보장해 주는 것은 아니다. 남녀의 결합으로 성립되는 「가정주식회사」는 운영의 묘에 따라 번창하기도 하고 파국을 몰고오기도 한다. 결혼적령기 남녀, 결혼생활을 하고 있는 모든 사람들을 위한 필독서.

정보고속도로의 꿈과 악몽

대니얼 버스타인·데이비드 클라인 共著
김광전 譯
〈신국판 / 472면 / 9,500원〉

세계적인 컨설턴트 버스타인과 컴퓨터 잡지 〈와이어드〉의 객원편집위원인 클라인이 정보고속도로와 디지털이 꿈꾸는 미래의 이상과 그에 따른 문제들을 분석하고 해결책을 제시했다. 특히 정보산업의 발전과정에서 진행된 미국과 세계적인 기업의 사업전략, 그들간의 싸움을 흥미진진하게 엮고 있으며 디지털 혁명이 몰고올 사회변화까지 상세히 설명했다.

거꾸로 선 아버지 바로 세우기

레벤 바-레바브 著
김광전 譯
〈신국판 / 348면 / 8,000원〉

정신과 전문의인 저자가 현대 가정이 지닌 문제점과 자라나는 아이들이 겪는 여러 가지 비극과 그 대안들을 정신분석학적 방법으로 제시했다. 오늘날 우리 사회가 안고 있는 청소년 문제의 근원은 대부분 가정에 있으며 특히 아버지의 역할이 부족한데서 비롯된다고 보고 있다. 훌륭한 아버지의 역할과 훌륭한 아버지가 되는 실용적인 아이디어를 구체적으로 제시하고 있다.

여자의 육체 남자의 시선

장 클로드 코프만 著
김정은 譯
〈신국판 / 392면 / 8,500원〉

독창적이고 신중한 연구라는 평을 받은 파리 5대학 사회학자의 흥미롭고도 심도 있는 저서. 저자는 2년 동안 해변에서의 토플리스 연구를 통해 은밀하면서도 흥미로운 규칙을 발견한다. 형태, 나이, 문화, 해변의 상황에 따라 여자들은 각기 나름의 행동규칙을 준수하며 자신들에게 보내는 시선의 신호를 이해하여 몸의 자세로 또는 적당한 제스처로 그것에 응한다고 보고 있다.

안자(상·중·하)

미야기타니 마사미쓰 著
신봉승·김하중 譯
〈양장 / 4×6판 / 384면 내외 / 각권 6,500원〉

열국의 제후들이 대륙의 패권을 놓고 싸우는 춘추 시대를 배경으로 격동의 역사를 헤쳐나가는 명재상 안자의 일대기를 그리고 있다. 난세 속에서도 안자는 충(忠)과 의(義)를 지키며 정도(正道)만을 걷는다. 국가 경영의 참다운 모습, 인간관계의 원형을 보여주는 그의 독특한 철학을 통해 당시의 시대정신과 사회상을 조명한다.

大商(상·하)

정종명 장편소설
〈신국판 / 상권 348면, 하권 336면 / 각권 6,000원〉

간신 유자광에게 핍박받고 공신 박원종의 비호를 받으면서 혁신정치의 풍운아 조광조에게 도전했던 조선 제일의 巨商 서용근의 일대기를 그리고 있다. 천부적인 장사꾼 기질과 처세술로 조선의 상권을 한손에 거머쥐고 정치권과도 밀착, 정권을 좌우지했던 서용근의 파란만장한 생애가 흥미진진하게 펼쳐진다. 가공인물 서용근이 보여주는 일련의 정치행각이 특히 흥미롭다.

주제별 經濟·經營 入門書!
EM文庫

柳東根 著 〈270면 / 2,100원〉

2 意思決定의 分析
金宗才 著 〈206면 / 1,800원〉

3 經營分析 入門
金建佑 著 〈144면 / 1,600원〉

4 資本市場 이야기
李在奎 著 〈306면 / 2,400원〉

5 品質管理의 知識
朴愚東 著 〈250면 / 2,000원〉

6 會社設立 이야기
朴春燁 著 〈226면 / 1,800원〉

7 最高經營者 이야기
鄭忠泳 著 〈286면 / 2,200원〉

8 GATT 이야기
盧德律 著 〈212면 / 1,700원〉

9 廣告 이야기
申吉秀 著 〈188면 / 1,700원〉

10 貿易金融의 知識〈改訂版〉
朴鉉璃 著 〈192면 / 2,500원〉

11 金利의 理解
金鍾赫 著 〈272면 / 2,100원〉

12 國民所得 이야기
李榮茂 著 〈254면 / 2,000원〉

13 財務諸表 읽는 법
尹桂燮 著 〈242면 / 2,000원〉

14 公正去來 槪說
金基台 著 〈340면 / 2,500원〉

15 信用狀 이야기
金漢秀 著 〈304면 / 2,500원〉

16 賃金의 理解
金世榮 著 〈270면 / 2,100원〉

17 消費者 ― 그 문제와 保護
吳相洛 著 〈182면 / 1,700원〉

18 減價償却의 理解와 稅務
權純哲 著 〈270면 / 2,100원〉

19 인플레이션 이야기
金文昱 著 〈238면 / 2,000원〉

20 經營法學의 知識
金政男 著 〈140면 / 1,600원〉

21 觀光 이야기
金正培 著 〈224면 / 1,800원〉

22 會社경리의 理解
朴圭弘 著 〈306면 / 2,400원〉

23 景氣를 보는 方法
金孝命 著 〈234면 / 2,000원〉

24 貿易클레임 대책
鄭冀人 著 〈300면 / 2,400원〉

25 성공적인 株式投資
崔運烈·李贊一 著 〈328면 / 2,500원〉

26 현대保險의 理解
朴承雋 著 〈208면 / 1,700원〉

27 人事管理의 知識
崔鍾泰 著 〈258면 / 2,000원〉

28 稅務會計 入門
李吉永 著 〈262면 / 2,100원〉

29 企業診斷과 經營指導
李在奎 著 〈316면 / 2,500원〉

30 需要豫測의 방법
鄭忠泳 著 〈316면 / 2,500원〉

31 서비스 마키팅
柳東根 著 〈294면 / 2,400원〉

32 最低賃金 이야기
金在源 著 〈292면 / 2,400원〉

33 投資信託의 理解
朴正旭 著 〈208면 / 1,800원〉

34 福利厚生 槪說
全滿軫 著 〈248면 / 2,300원〉